책과 사람을 잇는 어느 다정한 순간의 기록

서 점 일 기

여운 지음

티라미수
THE BOOK

일러두기

- 책 속에 등장하는 단행본은 《 》로 서점과 책방의 이름, 드라마나 영화의 제목은 〈 〉로 단행본에 수록된 개별 작품은 ' '로 표기했습니다.
- '작은도서관'이란 지역사회의 생활 친화적 도서관 문화를 위해 도서관법에 따라 운영되는 도서관을 의미하며, 형용사 '작다'를 사용한 '작은 도서관'과 구분하기 위해 붙여 썼습니다.

서점의 문을 열면

내게 다가오는

책 한 권이 있습니다.

바로 당신입니다.

차례

서점에 다니는 사람들

종이로 된 문	9
보통은 문외한	12
인생이라는 책장	17
할머니의 쌈짓돈	22
알파카? 유레카!	27
길을 안내하는 사람	33
만화책의 비밀	39
작지만 사소하지 않은	44
은빛 종이책 수호자	48
분실물	51
도서 실종 사건	55
샤프펜슬 골라주는 아빠	62
문구는 위험해	67
시험해방소년단	71
단골 메뉴는 라테	77
시험지에 비라도 내린 걸까	81
흐름에 맡길 뿐	84
다 너 때문이야	91
단돈 천 원짜리 인연	96

서점을 읽다

서점의 특선 메뉴, 큐레이션	103
바코드의 비밀	110
서점의 문턱	116
서가에도 프라이드가 있지	120
오후 세 시, 그림책을 읽어요	125
말은 하나 글은 두 개	130
요람에서 무덤까지	134
이만하면 덕후라고 할만하지	138
같은 책을 같은 자리에 여덟 번쯤 꽂으면	142
단 한 사람을 위한 단 한 권	146

서점 밖 책방

함께 읽기의 힘	153
더할 나위 없이 완벽한	157
가정식 백반 아니고 책방	162
꿈을 실천하는 삶	167
그림책은 그림책	171
손 글씨 수행자의 루틴	176
금사빠 북클럽	181
그녀들의 환대	186
소년 시인과 소녀 화가	191
무늬와 향기	195
이야기를 잇는 사람	198
보이지 않는 작은 일	203
원서로 읽는 노벨문학상 수상작이라니	207
책방 가는 날	212
책 한 권이 오는 일	215

닫는 글 그래, 거기 책이 있었지   221

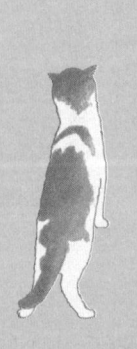

종이로 된 문

'띵동!'

"어서 오세요."

엘리베이터 문이 열리자 걸음이 조금 불편해 보이시는 연세 지긋하신 어르신께서 내리신다. 신문에 난 책 광고를 찢어서 들고 오셔서 건강과 관련된 어떤 책을 찾아 달라고 하셨다. 딱 보기에도 재고가 있을 것 같지 않은, 흔치 않은 병명이 들어간 특이한 제목이었다. 나는 책 제목과 연락처를 꼼꼼히 옮겨 적은 후 별도로 주문을 넣었다.

다음 날 책이 들어와 연락을 드렸더니 그 손님께서 여전히 불편해 보이는 걸음으로 저녁 늦게 다시 찾아오셨다. 카운터에서 다시 마주친 어르신은 선 채로 한참을 이런저런 자신의 상황을 설명하셨다. 손님이 몰리는 시간이라 어쩔 수 없이 양해를 구하고 먼저 책을 건네 드리며, 찾으시던 내용이 맞는지 책을 좀 살펴보실 수 있도록 서가 안쪽 테이블로 안내해 드렸다.

책을 보시다가 마감 시간이 다 되어 나오신 어르신은 아무래도 그 책이 찾으시던 내용이 아니었나 보다. 다시 이런저런 상황을 이야기하시며 주문한 책을 꼭 사지 않아도 되느냐고 물으셨다. 외국에 있는 자녀분들께 물어보고 다시 오겠다고 하셨다. 나는 얼마든지 괜찮으니 나중에 언제든 편하게 오시라고 말씀드렸다.

어르신 손님 덕분에 책을 찾아보면서 나도 처음 접하게 된 병은 바로 'COPD 만성 폐쇄성 폐질환'였다. 손님은 비록 연세가 드셔서 기력이 쇠하고 몸은 불편해지셨지만, 그 책이 장삿속으로 만든 책이라는 것을 단번에 꿰뚫으실 만큼 기민하고 눈빛이 맑으셨다.

나는 힘든 걸음으로 돌아가시는 어르신의 뒷모습을 한참 바라보면서 오프라인 서점, 그러니까 동네 책방의 필요성을 다시 한번 크게 느꼈다. 검색만 하면 바로바로 다 나오는 세상이다. 그뿐인가. 그냥 휴대폰으로 아침에 주문만 하면 저녁에 책을 받아보는 세상이기도 하다. 그런데도 신문광고를 찢어 그걸 들고 집을 나서 직접 찾아올 만큼, 그분은 그 책과 관련된 정보가 절박하셨던 거다. 상황을 들어주고 뭔가 도와줄 누군가가 필요하셨다는 의미이기도 하다.

책을 팔고 사고의 문제를 떠나서 서점에 직접 찾아오는 이들은 각각 나름의 까닭과 바람이 있을 것이다. 책 사는 것이야 온라인이 더 빠르고 가격도 더 저렴할 테니 말이다. 어쩌면 우리는 낯선 이들과 자연스럽게 다양한 모습으로 한곳에 머물면서 무의식적으로 서로 연결되어 있다는 공감대가 흐르는, 그런 공간이 필요한 것일지도 모른다. 결국 사람은 책이라는 매개체를 통해 다른 사람을 만나고 소통한다.

우리 서점까지 오시는 데 불편한 걸음으로 얼마나 힘드셨을까. 짧은 순간이었지만 그 어르신 손님께 작은 소통의 창구가 되었다면 고맙고 다행스러운 일이다. 그리고 그 어르신 손님은 우리 서점을 두 번이나 찾아주신 발걸음으로 이미 책값을 다 하셨다. 결국 책이란 우리를 또 다른 누군가의 세상으로 연결해 주는 종이로 된 하나의 문이다.

보통은 문외한

저녁 시간 업무를 어느 정도 마치고 카운터로 넘어왔다. 키가 훤칠하고 매우 건장한 한 남자 손님이 책을 계산하면서 혹시 선물 포장을 할 수 있는지 물어왔다. 문구류나 다른 잡화류는 종종 포장해 달라고 하는 경우가 있지만 책을 포장하는 일은 그리 많지 않다. 책은 아무리 포장해도 '나는 책이요'하고 존재감을 드러내기도 하고, 이미 그 자체로 워낙 예쁘게 싸여 있지 않은가.

마침 손님이 많지 않아서 부족한 솜씨지만 제가 해드리겠다고 하고 책을 넘겨받아 보니 임신과 출산에 관련된 책이었다. 반갑고 기쁜 마음에 아주 잠깐 책과 손님을 번갈아 가며 한 번 더 바라보았다. 수많은 포장지 중에서 특별히 심혈을 기울여 아주 어여쁜 하트가 뿅뿅 있는 핑크색 포장지를 골랐다. 책 크기에 알맞게 포장지를 자르며 아직 꽤 젊어 보이는 손님께 "혹시 좋은 소식? 기쁜 일 있으신가 봅니다."

넌지시 물었다. 나는 이런 순간을 좋아한다.

그 손님은 본인이 아니라 회사 동료에게 좋은 일이 있어 책을 선물하려고 한다고 답해주었다. 덩치가 산만 한 젊은 남자가 혼자서 '임신, 출산, 육아, 이유식, 엄마'로만 가득한 가정·육아 서가에서 얼마나 고심하며 이 책을 골랐을까. 진땀을 꽤 흘렸을 모습을 상상하니 살포시 웃음이 났다. 참 세심하고 어여쁜 일이라는 생각이 들었다. 선물 받으시는 분은 얼마나 놀랍고 기쁠까. 선물도 선물이지만 그 책을 고르는 동안의 마음 씀씀이에 말이다. 덩달아 나까지 흐뭇했다. 일찍 알았으면 좀 도와드렸을 텐데, 하는 생각도 들었다. 사람은 역시나 겉모습으로 판단해서는 안 된다.

'좋은 여성분 만나세요. 다정한 남편 되실 듯. 이미 있으시려나.'

포장한 책을 건네 드리며 마음속으로 또 혼잣말을 건넸다. 오지랖도 병이다. 선물 포장을 좀 더 예쁘게 잘해 드리고 싶었는데 뜻처럼 되지 않아 아쉬웠다. 연습을 좀 많이 해야겠다. 아니면 포장하는 법을 배워야 하나?

엊그제는 어느 외국인 손님이 먼저 "안녕하세요."라고 90도로 깍듯하게 인사를 하면서 주문한 책을 찾으러 왔다고 하셨다. 어떤 책이냐고 물으니 'Korean Grammar'라고 하신다.

"아, 코리안 그래머요! 한국어 배우시나 봐요?"

안 그래도 낮에 오늘 입고를 확인하면서 새롭게 발견한 책이었다. 영어 문법 교재는 수도 없이 봤지만 한국어도 문법책이 나오는구나, 했다. 외국인 손님은 또 한 번 허리를 숙여 공손히 "감사합니다." 인사를 하신다. 나도 덩달아 허리 숙여 인사를 하며 얼굴에 미소가 번졌다. 키가 무척이나 큰 외국인이 허리를 그렇게까지 숙여 인사하기란 쉽지 않을 텐데 어디서 배웠는지 아주 참 잘 배우셨다. 우리 직원들이 그 손님께 인사법부터 다시 배워야 할 것 같았다. 외국인 손님을 보내며 '영어 공부도 해야 하나?' 잠시 생각했다.

또 며칠 전에는 피아노 선생님이신 듯 보이는 분이 쇼팽의 악보 시리즈를 여러 가지 사 가시면서 "이거는 있고, 이거도 있고, 뭐뭐가 없네요." 그러신다. 이번엔 쇼팽이다. 쇼팽이 'S'가 아니라 'Ch'로 시작한다는 것도 알게 됐다. 나는 날마다 클래식 라디오를 들어도 막귀에 음알못이다. 음악 쪽으로 문외한인 나로서는 전문적인 용어를 자유자재로 쓰는 손님이 멋있어 보였다. "제가 잘 몰라서요. 좀 적어주시면 주문해 놓겠습니다." 내가 그렇게 말씀드리니 손님이 기꺼이 메모를 해주셨다. 'MAZURKA'라니, 또 하나 배운다. 음악도 공부해야 하나 싶었다. 어쩌면 다음은 미술이겠다. 그리고 최후의 영역은 수학이 될지도 모른다. 의외로 엄마 손님들이 자기 아이의 수준이 '이 정도'인데 어떤 문제집을 풀어야 하는지 자주 물어보신다. 나는 일명 '수포자'인데 말이다.

손님이 찾던 책 중에서 여태껏 가장 기억에 남는 책 제목은《왜 버스는 한꺼번에 오는 걸까?》였다. 전화로 받은 문의였는데, 책 재고를 검색해 보는 동안 나도 그게 궁금해지고 웃음이 나서 이렇게 답했던 기억이 난다.

"그러게요. 버스는 왜 항상 한꺼번에 몰려서 올까요?"

손님도 함께 웃었다. 이런 게 궁금한 사람들을 위해서 친절히 책을 써준 이도 있다니 새삼 고마웠다.

서점에 있으면 책을 아주 많이 알고 많이 볼 수 있을 것 같지만, 표지와 제목만 실컷 많이 본다. 그마저도 알려고 하지 않으면 아무리 매일 온종일 책 속에 둘러싸여 있어도 크리스티앙 보뱅의《작은 파티 드레스》에 나오는 표현처럼 책도 그저 '종이로 된 작은 가구'일 뿐이다. '넓고 얕은 지식'

에도 못 미친다.

　우리는 모두 어떤 면에서는 다들 문외한이다. 아니, 어떤 면을 제외하고 전부 다 문외한이라고 봐야 할지도 모른다. 그러니 그것은 부끄러운 일은 아니다. 마음만 있다면 솔직하게 묻고 배우려는 열린 자세가 더 중요하니까.

인생이라는 책장

　에세이, 인문 서가 주변을 맴돌며 오늘 들어온 책들을 알맞은 자리에 꽂고 있는데 그분이 또 오셨다. 시인 할아버지! 친근하고 반가워 나도 모르게 마음속으로 인사를 건넸다.

　일주일에 한 번씩, 마치 칸트의 시계처럼 꼬박꼬박 서점에 들러 시집을 읽고 가신다. 시집만 읽으신다. 어떤 날은 특정 시인의 시집 제목을 쪽지에 적어 들고 오셔서 찾아 달라고 하시거나 혹여 책이 없으면 꼭 주문해 달라고도 하신다. 나는 혼자서 몰래 이분을 시인 할아버지라고 부른다. 정말 시인이셨을지도 모를 일이다.

　항상 배낭을 메고 등산 모자를 눌러쓰고 오시는 걸 보면 막 등산을 마치고 찾아오시는 듯했다. 아마도 등산하고 돌아오는 길에 마음 샤워로 서점에 들러 시를 읽고 가시는 것이 그분의 건강 루틴이 아닐까.

　지난번에는 마침 바로 근처에서 책을 꽂고 있는데 시인

할아버지께서 《마음챙김의 시》를 한참 찾고 계셨다. 다른 직원이 사다리까지 밟고 올라가 찾아주는 듯 보였는데 여전히 못 찾은 모양이었다. 나는 멀찍감치 서 있다가 은근슬쩍 지나가며 무심한 듯 우연인 듯 손을 뻗어 책을 찾아드렸다. 그분께서 웃으시며 나더러 어찌 그리 책을 빨리 찾느냐고 하셨다. 나는 조용히 웃음으로 감사 인사를 대신했다.

'이건 비밀인데요. 저는 사실 초능력이 있답니다. 농담이고요. 제가 이쪽 시와 에세이 서가를 유독 사랑하거든요(제가 많이 꽂았어요).'

사실 《마음챙김의 시》는 나 역시 좋아해 집에 소장하고 있는 책이었다. 특히 그림책으로 나오기도 한 키티 오메라의 '그리고 사람들은 집에 머물렀습니다'라는 시에 많은 위로를 받았다. 코로나19로 사회적 거리 두기를 하며 사람들이 집에 오래 머물러야 했을 때의 마음을 어루만져 주는 시다. 내가 아끼는 시집을 시인 할아버지께 내 손으로 건넬 수 있어서 기뻤다. 그렇게 직접 책을 찾아드리고 난 다음부터는 필요한 책이 있을 때마다 바로 나를 찾아오셨다.

나는 서가를 거닐며 책의 자리를 찾아주고 그 책을 찾는 사람과 이어주는 일이 즐겁다. 그런 날들이 조금씩 쌓이니 정말로 선견지명 같은 초능력이 생기기도 했다. 내가 어떤 책을 서가에 꽂고 나면 그날 오후나 다음날쯤에 꼭 그 책을 찾는 손님이 나타났다. 그러면 나는 서가 번호를 검색할 필요 없이 빛의 속도로 달려가 책을 찾아드렸다. 서가 번호는 못 외워도 책의 자리는 알았다. 그렇게 맞아떨어지는 순간들이 꽤 자주 있었다. 한 번 내 손을 거쳐 가면 기억할 수밖에 없다. 그래서 아무리 힘들어도 틈날 때마다 최대한 직접 책을 꽂았다.

어느 날 시인 할아버지께서 혹시 새롭게 들어오는 시집을 따로 모아두는 곳이 있느냐고 물으셨다. 정말 안타깝게도 시집 신간만을 따로 모아두지는 않는다. 막 입고되어 아직 북 카트에 실려 있는 시집이라도 뒤져서 찾아드리고 싶은 심정이었다. 조금 주제넘지만 나도 때로는 내가 좋아하는 시집을 추천해 드리고 싶은 마음도 드는데, 그분의 내공을 봐서는 오히려 내가 추천받아야 할 것 같아서 가볍게 입을 열지는 않았다. 내 나이 두 배 가까이는 되신 어르신께, 그것도 시집만 읽으시는 분 앞에서 어쭙잖은 잘난 척에 오만한 태도라고 생각했다. 시집으로 가득 차 있을 그분의 책장을 그려보면 감히 시를 좋아한다고, 책을 좋아한다고 말하기에는 나 자신이 한없이 부족해 보여 절로 머리를 숙이게 된다.

꾸준히 찾아오시는 단골손님 중에는 군인 할아버지도 계신다. 이분은 특히 연세가 많으시고, 항상 군인 모자를 쓰고 지팡이를 짚고 찾아오시는데, 손에는 늘 반듯한 손 글씨로 책 제목이 적힌 종이가 들려 있다. 언제나 전쟁사, 역사, 정치와 관련된 책만 찾으신다. 아마도 오랜 세월 군인이 아니셨을까? 이 또한 내 마음대로 상상력을 발휘해 본 것이다.

그분을 처음 뵌 날 내게 건네신 쪽지에 아주 반듯한 정자체로 책 두 권의 제목이 적혀 있었는데 그중 하나에는 한자로 '大韓民國'이라고 아주 또렷하게 적혀 있었다(맞나? 기억이 가물가물하다). 나머지 하나는 어느 판타지 소설에 나올 법한 나라나 지역 이름 같기도 하고, 쇼팽의 후유증 탓인지 음악가 이름 같기도 한 처음 보는 단어였다. '키 욤프루'인지 '키윰푸르'인지 사실 제대로 읽기도 어려웠다. 나중에 다시 보니 정확히는 《욤 키푸르 전쟁》이었다('욤 키푸르'는 지역 이름이 아니라 유대교에서의 속죄일이라고 한다).

그분의 쪽지는 그렇게 늘 난도가 높았고, 거의 항상 한자가 섞여 있어서 어쩌다 보니 그 후로 저절로 내 담당이 되었다(어릴 적 마을문고에서 천자문을 배운 덕분에 아직 한자를 대략 비슷하게 때려 맞춰서 읽을 수는 있다. 오, 메타인지여, 이 얼마나 위대한가). 제목만 봐도 멀미 날 것 같은 어렵고 두꺼운 벽돌책들을 그분은 2주가 멀다 하고 다 읽고 또 다른 책들을 찾으셨다. 진심으로 존경스러웠다.

그렇게 책과 사람 사이에서 몇몇 분들을 꾸준히 만나게 되었다. 한 사람 한 사람의 인생이 제각각 잘 큐레이션 된 하나의 책장이라는 것을 깨달았다. 손님들로부터 참 많이 배웠다. 그 누구도 알아주지 않았지만 그 시간이 나로서는 참 소중했다. 감사한 일이다.

할머니의 쌈짓돈

오늘도 어김없이 초능력을 발휘해 책을 꽂고 책을 찾아드리는 일을 하고 있다. 한가롭고 팔자 좋게 이 일만 하는 것처럼 보이지만, 겉으로 보이는 질서와 평화를 유지하기 위해 서점 안에서는 언제나 어마어마한 물밑 전쟁이 치러진다. 차라리 모르는 게 나을 정도다.

일단 기본적으로 셀 수 없이 수많은 책이 날마다 입고된다. 직원들은 먼저 전산 프로그램에 입고를 잡는다. 그리고 나면 개별 주문, 희망도서 바로대출, 그 외 나머지 일반 입고로 책을 분류한다. 이때 괜찮은 신간을 발굴하는 눈도 갖추고 있어야 한다. 그 후엔 주문한 책이 입고되었다고 개별 연락을 드리고 대출한 아이디별로 희망 도서들을 찾아서 묶어둔다. 누군가 따로 문의하거나 주문하는 책은 잘 받아 적어두고 그때그때 빠뜨리지 않고 주문을 넣어야 한다.

손님들이 책이 있는 위치를 물으면 찾는 걸 도와드리거

나, 전화 문의를 받거나, 꽉 찬 서가에 반품 품목을 빼는 것도 직원들의 몫이다. 반품할 책을 뺄 때는 전산 데이터를 참고할 수도 있지만 빼야 할지 말아야 할지를 판단하는 자기만의 판단 능력이 필요하다. 독자가 관심을 가질만한 신간과 베스트셀러의 동향을 파악하면서 진열대를 주기적으로 바꿔주는 일도 중요하다. 그리고 이 업무들을 하는 사이에 틈틈이 서가를 오가며 책을 꽂거나 정리하는 것이다.

이 모든 일은 항상 오픈된 공간에서 동시다발로 이뤄진다. 물론 이게 서점 일의 전부인 것도 아니다. 겨우 단행본 업무의 일부분에 불과하다. 엄청난 체력과 정신력이 필요하다. 이런 과정을 반복하며 보는 눈이 생기면 엉망진창인 서가를 두고 보는 인내심도 꽤 필요하다. 엉망인 서가가 마음에 안 들어 꿈에서까지 책을 꽂고 정리할 때도 있었다.

어제는 곱게 차려입으신 할머니 한 분께서 제목은 정확히 기억하지 못하셨지만 이해인 수녀님의 최근 책을 찾으셨다. 그 책은 정말 거짓말 안 보태고 빛의 속도로 눈감고 손만 뻗어 찾아드릴 수 있었다. 왜냐하면, 나도 샀으니까. 그 어르신은 마치 《꽃잎 한 장처럼》이라는 책 제목처럼 한자리에 오랫동안 곱게 머무르며 책을 읽고 가셨다. 서가 번호나 책 이름을 기억하는 것도 아닌데 그냥 거기 그 책이 있다는 느낌이 들 때가 있다. 몸이 기억하고 따라가는 모양이다. 아무튼 신기하고 재미있는 일이다.

종종 책이 실종되는 사건이 발생하기도 한다. '분명 그 자리에 꽂았는데 왜 없지? 아직 팔린 것도 아닌데' 하는 경우다. 전산에 재고도 뜨는데 있어야 할 자리에 책이 없는 경우가 제법 된다. 그럴 때는 손님들이 읽다가 놓고 간 책 무더기를 뒤진다. 다는 아니지만, 누군가 읽다가 원래 위치와 전혀 다른, 자기만 아는 자리에 몰래 숨겨놓고 가는 경우가 실제로 있다. 심지어 책날개를 읽다 만 페이지에 끼워놓기까지 한다. 하지만 서점은 도서관이 아니다. 누구든 책 실종 사건의 범인이 되는 일은 없었으면 한다.

오늘은 할머니 손님 한 분께서 아홉 살 손자에게 읽히고 싶다며 '그림이 적당히 들어가고 글씨가 너무 많지 않아 스르륵 잘 넘겨 가며 읽을 수 있을 만한' 전래동화 《심청전》을 찾으셨다. 다른 건 다 읽혔는데 아직 《심청전》만 못 읽히셨단다. 이런 할머니를 둔 손자 녀석 참 부럽다. 처음 추천해 드린 책은 내가 보기에도 살짝 글씨가 작고 글이 많아 한 면이 빽빽했다. 다행히 두 번 만에 맞춤인 책을 찾아드리니 어르신께서 흡족해하시며 고맙다고 가져가셨다. 이게 뭐라고 참 즐겁고 뿌듯하다. 이런 할머니의 사랑을 받고 자라는 손자는 아마도 《심청전》을 굳이 읽지 않아도 이미 효심에 대해 글이 아니라 몸으로 익히고 있을 것이다.

그리고, 바로 그 손님께서 다녀가셨다. 그리스 로마 신화 할머니. 한 달에 한 번쯤 들르셔서 아울북에서 나온 만화로 읽는 초등 인문학 《그리스 로마 신화》 시리즈를 다섯 권 정도씩 사 가신다. 이번엔 좀 더 일찍 오셨다.

"손자분이 벌써 다 읽었어요? 지난번에 20번까지 사 가셨죠?"

어르신께 반갑게 인사를 건네니 자신을 기억하냐며 손자 녀석이 너무 빨리 읽는다고 미소 가득하신 얼굴로 행복한 푸념을 늘어놓으신다. 지난 구매 내역을 한 번 더 확인해 드리고 오늘도 배달이 가능한 만큼 책 순서를 맞춰 카운터까지 챙겨다 드렸다. 어르신이 들고 가시기에는 꽤 크고 무거운 분량인데도 개의치 않으셨다.

"오늘은 25번까지, 이제 네 권 남으셨습니다."

그 후에도 그리스 로마 신화 할머니를 한두 번 더 뵈었다. 아직 다음 권이 나오지 않아 미처 배달이 가능한 금액 한도를 채우지 못할 때는 다른 책을 추천해 달라고 하시기도 했다. 마침 문화센터에서 우쿨렐레를 배우기 시작하셨다고 하셔서 초보자가 보기 쉬운 우쿨렐레 교본을 찾아서 추천해 드렸다. 계산하실 때 그동안 제법 쌓인 포인트도 꼭 챙겨서 계산하시라고 알려 드렸다.

쌈짓돈을 털어서 손자에게 책 사주는 즐거움과 행복을 만끽하는 어르신들이 참으로 멋지고 부러울 따름이다. 우리 할머니는 글도 못 배우시고 돌아가셨는데….

내가 이렇게 손님들과 이어지는 순간들은 말 그대로 순간이다. 길어야 몇 분일 것이다. 같은 시공간에 있어도 아무것도 아니라면 아무것도 아닐 수 있고, 빛나는 추억이라면 추억일 수 있는 기억의 편린들이다. 그 찰나를 어떻게 기억하느냐는 순전히 내 마음에 달린 일이다.

알파카? 유레카!

 출근해서 가장 먼저 하는 일은 전날에 손님들이 읽다가 쌓아놓고 간 책 무더기를 정리하는 일이다. 곳곳에 쌓여있는 책들을 본래의 자리로 되돌려 놓는다. 그렇게 책들을 옮기다 보면 어느 날에는 누군가가 다이어트를, 다른 누군가는 당뇨병을, 가장 흔하게는 주식과 부동산을, 또 다른 날의 누군가는 문해력을 고민한 흔적들이 엿보인다. 그리고 그렇게 누군가가 고민한 자리를 정돈하고 있으면 종종 외로움을 느낄 때가 있다. 수많은 걱정 사이에서 느끼는 군중 속 고독이다.

 이럴 때 위안이 되고 희망적인 에너지를 주는 건 언제나 어여쁜 아이 손님들이다. 나는 시와 에세이도 좋아하지만, 대리만족이라고 해야 할까, 세계문학 서가와 어린이 서가 주변을 맴도는 것도 좋아한다.

 서가에 책을 꽂고 있으면 먼저 다가와 눈을 맞추거나 졸

졸 따라다니는 아이도 있고《흔한남매》는 여기,《에그박사》는 저기, 하며 자기가 보는 책은 나보다 더 자리를 훤히 꿰고 있는 아이도 있다. 어제는 한 아이가《에그박사의 채집일기》2권은 있는데 1권은 어디에 있느냐며 서가 아래 그늘진 곳에 숨겨진 책을 찾아서 제자리에 꽂도록 상기시켜 주기도 했다.

또 희망도서 바로대출로 빌렸던 도서 여러 권을 들고 와서 혼자 힘으로 가족들이 빌린 책을 아이디별로 반납하고 엄마의 자동차 번호를 불러주며 주차권까지 요청하는 꼬마 친구도 만난다. 스스로 책을 검색하고 찾아서 손수 현금으로 계산하고 거스름돈을 챙기며 엄마의 휴대폰 번호와 성함을 정확히 불러 포인트 적립까지 완벽하게 마스터한, 나보다 똑똑하고 야무진 친구도 있다. 이런 아이 손님에게 내가 해 줄 일은 허리를 숙이고 몸을 최대한 낮춰 맞이하는 것뿐이다.

아이들이 이미 워낙 컴퓨터를 잘해서 도서 검색을 알아서 잘하지만, 때로는 부끄러워하며 직접 다가와 아주 작은 소리로 책 이름을 말하며 묻기도 한다. 아이가 찾는 책이 없을 때는 아쉬워하는 표정을 보면서 내가 더 안타깝고 미안해지기도 한다.

아이들이 직접 책을 검색하고 서가 번호를 뽑아도 너무 높은 책장에 시선이 미처 닿지 않아 위치를 못 찾는 경우를 몇 번 보았다. 와서 물어보면 좋은데 아무래도 수줍음이 많은 아이들은 대부분 묻지 않고 그냥 간다. 가끔은 조심스레 먼저 다가가 찾는 책을 물어보고 도와주면 아이도 나도 그렇게나 기쁠 수가 없다. 후에 담당자에게 서가 번호를 아이들의 시선이 닿는 낮은 곳에 조금 크게 붙여주면 좋을 것 같다고 요청하기도 했다.

어느 날 이른 오후, 서가에 책을 꽂고 있는데 엄마 아빠 손님이 찾아오셨다. 아이는 학교에 갔는지 안 보였다. 두 분의 말소리가 들려왔다.

"웃지 마 과학? 울지 마 과학? 묻지 마 과학? 뭐였더라."

"아~, 《놓지 마 과학!》이요. 이쪽에 있습니다."

"아~, 놓지 마 과학이었구나! 감사해요."

손님도 나도 함께 유쾌하게 웃었다. 책 제목을 일부러 그렇게 지었나 싶어 재미있었다. 아무래도 아이들 책은 학습만화가 많이 팔린다.

언제나 아동 서가에서 아이들 책을 찾아주니 동료가 지

나가는 말로 나더러 아동 전문이란다. 사실 아이들 서가는 우선순위가 뒤로 밀려나기 쉬워 더 마음이 쓰였다. 가능하면 밀리지 않고 최대한 제때 책을 꽂으려고 노력했다. 아무래도 아이들이 노니는 곳이니 정리하고 돌아서면 금세 다시 어질러지기 쉽다. 워낙 시리즈가 긴 책들이 많아서 《마법천자문》의 번호를 순서대로 맞추고 맞추다가 결국 스스로 타협하기도 했다.

그렇게 아이들 책을 꽂다 보면 흔한 남매는 물론이고 수학 도둑이랑 한자 귀신도 만나게 된다. 아, 수학 귀신도 있다. 역사 분야에는 설 선생, 큰별쌤이 있고, 과학 분야에는 에그 박사와 정재승 교수님이 인기가 많다. 나중엔 생태 분야로 최재천 교수님도 합류하셨다. 무궁무진한 세계다. 잘 모르는 세계지만 틈틈이 새로운 책을 찾아보며 재미있게 알아가고 있다.

사실 아이들 책은 아이들이 더 잘 안다. 자신이 원하는 책을 직접 찾아서 여기저기 옹기종기 앉아 읽고 있는 아이들을 보면 참 흐뭇하고 어여쁘다. 스스로 책을 찾는 과정도 독서의 일부이니 아이들에게 중요한 경험이다.

보통은 엄마들이 워낙 바쁘다 보니 책을 전화로 주문하고 지나는 길에 픽업만 해가는 경우가 많다. 그런데 하루는 엄마 손님 한 분께서 찾아와 '알파카'가 나온 책이 있는지 간절히 찾으셨다. '알파카'로 검색해 봐도 당연히 나오는 책은 없을 테니 나는 먼저 어린이용 동물도감이 있는 서가를 안내해 드렸다. 한참 둘러보시다가 크고 두꺼운 동물도감 한 권을 가져오셔서 물으셨다.

"혹시 이 책에 알파카가 나오는지 알아봐 주실 수 있으신가요?"

그 책은 훼손 방지를 위해 비닐을 입혀놓은 책이었다. 아동 도서는 처음부터 래핑 되어 나오는 경우가 많다. 그 외에도 고가의 전문 서적이나 도감, 원서 등은 직원들이 틈날 때마다 수작업으로 비닐을 입힌다. 래핑 된 책이 뜯기는 경우가 많아 따로 테이핑을 하기도 한다.

"물론이죠."

나는 책을 건네받아 비닐을 조심스레 뜯었다. 다시 입히면 되니까 괜찮다. 먼저 목차를 빠르게 훑어보며 낙타나 소, 말, 라마, 산양 쪽 위주로 신중하게 살폈다.

'유레카!'

천만다행으로 알파카가 큰 비중은 아니었지만 소와 양 사이를 비집고 야무지게 '끼여' 있었다. 나는 엄마 손님께 그 사진을 보여주며 아무래도 사진이 너무 작은데 괜찮을지 물었다. 손님은 아이가 알파카를 꼭 보고 싶어 한다며, 괜찮다고 기뻐하시면서 벗겨놓은 비닐은 아랑곳하지 않고 바로 그 책을 사 가셨다. 알파카가 조금만 더 큼직하게 들어가 있었더라면 아이가 더 기뻤을 텐데. 그래도 나는 이 책을 간절히 기다리고 있을 아이의 기대를 저버리지 않았음에 고마웠다.

누군가는 작은 그림 한 조각 때문에 책을 사고, 또 누군가는 문장 한 줄 때문에 책을 산다. 그러니 누가 언제 어디서 어떻게 왜 무슨 책을 찾을지는 아무도 모른다. 다 다르다. 그리고 나는 그렇게 책과 사람을 이어주는 모든 순간에 작은 손길을 보태는 것이 좋다. 이 일을 사랑한다. 모든 고단함을 잊을 만큼 말이다.

길을 안내하는 사람

 저녁 무렵 한 엄마와 초등학생 남자아이가 찾아왔다. 그들은 우주에 관한 책을 찾고 있었다. 나는 우선 아동 과학 서가 쪽으로 함께 가서 최근에 발간된, 꽤 괜찮아 보이는 《우주의 신비》라는 책을 추천해 드렸다. 항상 좋은 책을 다양하게 추천해 주는 출판계 어른의 블로그에서 봤던 기억을 떠올렸다. 바로 얼마 전에 내가 직접 서가에 꽂았던 책이다. 고화질의 우주 사진과 함께 태양계 행성에 대해서 구체적으로 설명도 잘 되어 있었다.

 아이의 표정이 시큰둥했다. 이미 이런 책은 많이 본 모양이었다. 비슷한 책이 집에 많이 있다고 했다. 그런 책에는 싫증이 난 것이다. 새로운 책이 필요했다. 엄마의 이야기를 들어보니 최근에 아이가 어른용 책을 읽었는데 무척 재미있어 했다고 한다. 아이에게 뭐든 더 해주고 싶어 하는 엄마의 마음이 느껴졌다.

우주에 관한 어른 책이라. 순간 내가 뼛속까지 '문과'라는 사실이 안타까웠다. 편식하지 말고 골고루 좀 읽어둘걸 그랬다. 마음속으로 아이에게 미안하다며, 이 이모의 DNA에는 수학과 과학이 안 들어 있다는 사실을 고백했다. 순간 아동학 수업에서 배웠던 '근접발달영역 ZPD, Zone of Proximal Development'이 떠올랐다. 아이가 혼자서는 할 수 없지만 외부에서 이끌어주는 적절한 도움이 있으면 충분히 해낼 수 있는 발달 영역을 의미한다. 즉, 교육은 아이의 현재 능력에 맞추는 게 아니라 아이가 앞으로 발달해 나갈 수준을 고려해 이끌어주는 것이 좋다는 뜻이다.

'어쩌면 이 아이는 이쪽으로 천재일지도 몰라. 자신만의 세계를 일찍 찾은 거야. 적어도 우주에 관해서만큼은 또래보다 이미 훨씬 앞서가 있는 거야.'

그렇다면 이건 단순한 일이 아니었다. 아이에게는 정말 중요한 순간이었다. 미래에 우주 공학도가 되어 우주인이 되거나 누리호 같은 우주탐사선을 개발할지도 모른다. 나는 막중한 책임감을 느꼈다. 직업이 소명이 되는 순간이었다. 내가 책으로 우주로 가는 길을 안내하는 사람이 된 것 같았다.

내가 아는 우주 책은 칼 세이건의 《코스모스》밖에 없었다. 그것도 당연히 읽지 않았다. 표지만 실컷 보면서 수학·과학 베스트셀러 서가에 꽂기만 많이 꽂았다. 게다가 그 책은 아이에게 아직 어려운 책이었다.

'아무리 그래도 《코스모스》는 너무 멀리 간 거야. 지금보다 아주 살짝만 더 어려운, 흥미를 자극하고 이끌어줄 수 있는 정도여야 해. 지나치게 앞서간 내용은 자칫 잘못하면 읽기 싫어져서 아이가 흥미를 잃을지도 몰라. 신중해야 해.'

나는 우선 여백이 적당하고 그중에서도 너무 어렵지 않은 우주 책을 찾았다. 눈에 들어온 건 물리학자 김상욱 교수님의 책이었다. 평소 TV 프로그램에서 어려운 개념도 쉽고 단순하게 설명해 주는 것을 본 적 있었다. 교수님의 설명에 순수함과 천진난만함이 느껴져서 아이에게도 괜찮을 것 같았다. 그러나 아직 내가 직접 읽어본 것도 아닌데 섣불리 추천하기는 조심스러웠다. 결국 엄마와 아이 손님에게 솔직하게 설명하고 고학년 친구들이 많이 보는 책들이 모여 있는 곳으로 가서 함께 골라 보면 어떨지를 물어보며 청소년 서가 쪽으로 안내해 드렸다.

'적절한 책을 추천해 드리지 못해 죄송합니다. 편식하지

않고 읽도록 노력하겠습니다. 공부하겠습니다.'

정말로 잘 가르치는 사람은 그 앞에 초등학생이 있든, 청소부 아주머니가 있든, 하버드 대학생이 있든, 누구라도 똑같이 잘 알아들을 수 있게 눈높이를 맞춰 설명할 수 있어야 한다는 말이 있다. 나는 이 말을 좋아한다. 미래의 희망인 아이들에게 그렇게 가르쳐주고 이끌어주고 잠재력을 일깨워 줄 수 있는 사람들의 역할이 중요할 것이다. 그래서 아동 서가에 가보면 우리가 익히 알고 있는 교수님과 학자들이 꾸준히 아이들을 위한 책을 내는 것을 발견할 수 있다.

이런 경험을 몇 번씩 하고 나면 손님들이 원하는 책을 찾아줄 때 인터뷰를 잘해야 한다는 것도 터득하게 된다. 얼마 전에도 토익과 토플이 모여 있는 영어 교재 서가를 맴돌고 있는 엄마 손님이 계셨다. 나는 그분께 자연스럽게 살포시 다가갔다.

"토익 책 찾으세요?"
"아니요."
"그럼, 토플?"
"아니요. 해커스요. 지난번에 한 권 사 갔었어요. 우리 아이가 볼 건데…."

보통은 책 제목이나 아예 휴대폰에 책 표지 사진을 들고 오셔서 내미는데, 이번에는 그냥 오셔서 학습 단계나 학년이 정해진 것도 없이 노란색 표지의 책이라고만 하셨다.

"손님, 해커스가 문제집에서부터 수험서까지, 아이용에서 어른용까지 워낙 광범위하게 책이 나와서요. 아이한테 주신다고 하시니 혹시 아이 학년이 어떻게 될까요? 공부할 레벨이 아니더라도 중학생, 고등학생에 따라서도 책을 분류해 꽂고 있어서요. 알려주시면 그쪽에서 찾아봐 드릴게요."

"아, 중학생이요."

"네, 중학생이고 노란색 표지의 해커스 독해 책이요. 그럼, 이쪽에서 찾아봐 드릴게요."

그러고는 중학생 영어 독해 문제집이 모여 있는 서가로 안내해 드렸다.

"이 책 맞으실까요? 노란색 해커스?"

"아, 맞아요. 앞에 '민트 초코'로 시작하는 거!"

이번에는 잘 맞았다. 다행이다.

앞으로 편식하는 습관을 고치는 데 집중해야겠다고 다짐했다. 나에게 맛없고 먹기 싫은 음식일지라도 손을 뻗어 봐야겠다. 막상 먹어보면 또 다를지도 모르고, 어쩌면 생각보다 더 맛있을지도 모른다. 입맛은 변하기도 하니까. 우선 읽어보지 않아 추천할 자신이 없었던 그 책부터 시작해야겠다.

그러고 보면 책을 추천한다는 건 그냥 단순한 일이 아니다. 정말 중요한 일이다. 귀찮다는 듯이 마지못해 컴퓨터 앞에 서서 검색만 해보고 "없어요." 하고 끝낼 일이 아니다. 찰나의 순간이지만 길을 찾고 있는 사람에게 올바른 방향으로 길을 안내해 주는 길라잡이가 되는 일이다. 그렇게 나는 책을 지키고 가야 할 길을 안내하는 막중한 임무를 책임지는 중이다. 연세 지긋하신 어르신 손님과 마찬가지로 아직 꿈이 덜 자란 어린이 손님에게는 아주 약간의 도움닫기가 필요하다.

만화책의 비밀

 이 글은 퀴즈로 시작해 보고 싶다. 수능이 끝난 직후 가장 많이 팔리는 책은 무엇일까? 만화책이라고 답했다면 틀렸다. 제목에 속은 거다(정답은 이 글 끝에서 알려주겠다).

 가끔 학생들이 만화책을 사러 온다. 대부분은 커다란 책가방을 메고 마감 시간이 아슬아슬하게 다 될 때 지친 어깨로 찾아오는 고등학생들이다. 요즘 만화책 제목은 참 길기도 길고 특이한 것들이 많다. 한두 단어로 된 것도 있지만 한 문장을 넘기는, 엄청나게 긴 것들도 있다. 그런 건 보통 서술형이다. 세로로 기본 두세 줄인데 여전히 어떻게 읽어야 하는 건지 궁금하다. 왼쪽부터 읽어야 하나, 오른쪽부터 읽어야 하나. 어떻게 읽어도 말이 되는 것 같은 제목들이다. 다른 일반 도서들은 얼핏 비슷하게만 들어도 알아서 찾아줄 수 있는데 만화책은 바로 눈앞에 있어도 안 보일뿐더러 제목을 제대로 읽기도 어렵다. 그나마 조금 짧은 편에 속하는 것이

《어느 날 공주가 되어버렸다》였던 것 같다. 《악역의 엔딩은 죽음뿐》이라는 제목도 인상적이었다. 그것도 여학생들이 알려줘서 알았다.

신기한 건 학생들이 만화책을 살 때 절대 여러 권을 한꺼번에 사지 않는다는 점이다. 꼭 한 권씩만 산다. 많아야 두 권이다. 그마저도 자주 사는 게 아니고 시험이 끝났다거나 문제집을 왕창 살 때처럼 가끔 어쩌다 한 번씩 사는 모습이 관찰된다. 더 중요한 사실은 만화책은 반드시 자기 용돈으로 따로 현금 계산하고 문제집을 살 때만 부모님의 카드를 쓴다는 점이었다.

'오! 너희는 다 계획이 있구나.'

다행히 만화책은 얇고 가격이 착하다. 요즘은 펜이나 샤프심도 가격이 꽤 나가는 걸 고려해 보면 만화책은 몇천 원 정도면 한 권을 살 수 있으니 비교적 저렴하다. 그런데도 한꺼번에 여러 권을 스스로에게 허용하지 않는다. 공부하는 틈틈이 자기에게 주는 작은 위안이자 선물처럼 한 권씩 아껴서 사고 또 아껴서 읽는다. 스스로 절제할 줄 아는 학생들이었다. 용돈을 모아 좋아하는 것을 소중하게, 귀하게, 어렵게 사는 모습이 참 좋았다.

'너희는 어떻게 그걸 참니? 안 궁금하니? 너희는 절제가 되는구나.'

나도 어릴 적에 만화책 좀 읽어 봐서 그 마음을 안다. 얼마나 마음껏 읽고 싶을까. 다음 이야기가 몹시 궁금할 텐데 어떻게 참고 기다릴까. 나는 학생 때 만화책을 손에 붙들면 끝장을 봐야 했다. 그래서 완결이 안 난 책은 아예 시작도 안 했다. 문득 한용운의 '수의 비밀'이라는 시의 한 구절이 떠올랐다. 이 시점에 감히 이 시를 인용하다니 부디 용서하길 바라며 비유하자면 '읽기 싫어서 읽지 못하는 것이 아니라 읽고 싶어서 다 읽지 않는 것'이다.

나는 그렇게 자신들이 정한 원칙과 질서를 지키며 책임을 다하는 학생들이 참 멋있다고 생각했다. 갖고 싶은 것도 많고, 하고 싶은 것도 많고, 가고 싶은 곳도 많을 텐데 풀어야 할 문제집은 두껍고 가방은 무겁다.

더불어 청소년들이 갈만한 곳이 의외로 많지 않다는 생각도 들었다. 그들이 마감 시간이 다 되어 오는 건 그 시간이 학원을 마치는 시간이기 때문이다. 축 처진 어깨로 말없이 조용히 우리 서점에 들르는 학생들에게 나는 아무 말도 하지 않는다. 마감 시간이 이미 한참 지났음에도 재촉할 수 없었다. 문구든 만화책이든 충분히 천천히 고를 수 있도록 기다려주는 것이 그들에 대한 나의 존중이자 내가 해줄 수 있는 작은 배려였다. 물론 그러느라 퇴근이 늦어지기 일쑤였지만.

하루는 수능 시험이 있던 당일이었다. 아버지와 딸이 《국부론》을 카운터에 올려놓으며 나란히 한숨을 지었다.

"오늘 수능 쳤는데, 망쳤다면서 여기에 책 사러 왔대요."

"아이고, 세상에! 그것도 《국부론》을! 그러면 안 돼요. 인생에 수능이 전부가 아니에요. 학생, 그동안 고생했는데 하루쯤은 홀가분하게 쉬고 놀아야죠(인생 길어요)."

수능을 치르자마자 누군가는 줘도 안 읽을 것 같은 《국부론》을 고른 친구가 시험을 망쳤으면 얼마나 망쳤겠는가. 나는 응원하는 마음으로 사은품 노트를 한두 권 더 챙겨 드렸다. 내가 줄 수 있는 게 이것밖에 없어서 아쉬웠다.

아, 물론 《국부론》은 퀴즈의 정답이 아니다. 수능 직후 가장 많이 팔리는 책은 운전면허 시험 문제집이다. 나도 경험해 보고서야 알았다. 한동안 매일 하루에도 같은 책을 열 번 넘게 계산하다 보니 누군가 멀리서부터 달랑달랑 책을 들고 오는 모습만 봐도 그가 카운터에 서기 전에 가격을 외워 말할 경지가 됐다. 문제집에서 해방되자마자 또 곧바로 문제집이구나. 너희는 다 계획이 있구나. 멋있어!

> 그 주머니는 나의 손때가 많이 묻었습니다.
>
> 짓다가 놓아두고 짓다가 놓아두고 한 까닭입니다.
>
> (중략)
>
> 이 작은 주머니는 짓기 싫어서 짓지 못하는 것이 아니라
>
> 짓고 싶어서 다 짓지 않는 것입니다.
>
> ○《님의 침묵》중 '繡(수)의 秘密(비밀)' 일부, 한용운

작지만 사소하지 않은

"선생님, 잠시만요!"

내가 소리쳤다.

마감 시간이 지나고 불이 꺼졌는데 엘리베이터에서 손님 몇 분이 내리셨다. 불이 꺼진 것을 보고 영업이 끝났다고 여겨 그대로 다시 나가시려던 참이었다. 의외로 매우 내향적인 나에겐 그렇게 큰 소리로 손님을 불러 세우는 데 제법 큰 용기가 필요하다. 혼자 몰래 오랫동안 민망해했다. 티가 났을까. 심지어 다시 엘리베이터까지 타셨는데 괜히 그랬나 싶었다. 마감 시간은 이미 훌쩍 지나 있었지만 오시는 분들을 그냥 돌려보내기는 마음이 영 내키지 않는다. 정말 급할 수도 있으니까. 차차 조절력이 생기겠지만…(조절력은 결국 끝내 생기지 않았고, 퇴근 시간은 저 멀리 안드로메다로 간 지 오래다).

손님들께 특별히 찾는 책이 있는지 물으니 마케팅과 관련된 책 제목 세 가지를 불러주시면서 이 중 하나만 있으면 된다고 하셨다. 다행히 딱 한 권이 재고로 있었다. 카운터를 비울 수는 없어서 불 꺼진 서가에 조명을 다시 켜드리고 바로 찾으실 수 있게 서가 번호를 뽑아드렸다. 그리고 들어가자마자 우측 중앙에서 창가를 중심으로 바로 왼쪽 기둥 옆 첫 서가에 있다고, 위치를 최대한 자세히 설명해 드렸다.

"찾으셨어요?"

나는 안쪽 서가를 향해 또 큰 소리로 외쳤다.

"네, 있어요!"

메아리가 돌아왔다.

그분들은 무사히 책을 찾아 몇 분도 안 되어 금세 나오셨다. 내일 당장 꼭 필요했던 책이라며 고맙다고 하시고 기쁘게 돌아가셨다. 그래도 찾으시는 책이 마침 있어서 다행이었다.

"잠시만요, 잠시만요."

"선생님, 잠시만요!"

서점에서 일하면서 가장 많이 쓰는 말이 "잠시만요."라니. 한번은 아동 서가와 그림책 서가의 책 숲을 거닐며 광대한 세계에 또 한 번 놀라고 있었는데, 엄마 손님 한 분이 몹시 다급하게 지금 당장 5분 안에 필요하다며 '무슨 무슨 뚱보'와 '무슨 무슨 엘리베이터' 책을 곧바로 찾아 달라고 하셨다. 나는 또 잠시만요, 하고 손님 마음에 쉼표를 찍어 드렸다. 다행히 둘 중 하나는 재고가 있어서 바로 찾아드릴 수 있었다.

몇몇 분들은 그렇게 책을 찾아드리면 무척이나 고마워하신다. 어떤 분은 조심스레 다가오셔서 찾다 찾다가 도저히 못 찾겠다며 몹시 미안해하는 기색으로 책을 부탁하실 때도 있다. 작은 행동이지만 당연하게 여길 수 없다. 때로는 친절한 손님들에게 감동해 오히려 힘을 얻는 날도 있었다.

일을 시작한 지 얼마 되지 않았는데 나를 기억해 주시는 손님도 계셨다. 먼저 다가오셔서 지난번에 친절하게 알아봐 줘서 고마웠다고 하셨다. 그분의 목소리를 듣고서야 생각이 났다. 차례를 지내는 법과 관련된, 한자가 가득한 책을 찾으셨는데 책이 없었다. 연세가 제법 있으셨고 집에 인터넷이 안 돼서 찾아보는 것이 어렵다고 하셨다. 책은 재고가 없었지만, 대신에 책 제목과 목차를 큰 글씨로 인쇄해서 드린 기억이 났다. 하루에도 워낙 많은 분을 뵈니 그분들의 얼굴을 다 기억하지는 못하지만 먼저 나를 기억해 주시는 분들이 있다니 뿌듯하고 감사했다. 손님은 직원을 기억한다.

 찾는 책이 있으신지 물어봤을 때 직원들이 찾아주기보다는 본인이 직접 찾기를 원하시는 분들도 있다. 도움이 필요한지 묻는 질문에 짧게 대답하는 분들이 대부분이지만 간혹 짧은 단답형이 아닌 "바쁘신데 제가 찾아보고 안 보이면 여쭤보겠습니다. 감사합니다."라고 서술형으로 대답을 해주시는 분들도 있다. 이런 분들은 아마도 태생부터 상대방을 배려하는 마음을 타고난 분들이 아닐까, 하는 생각이 든다. 짧은 말 한마디로 사람을 흐뭇하게 만드는 마법 같은 능력을 지니고 계신다. 나도 모르게 "감사합니다."라는 답변이 절로 나온다. 어느새 입가에는 미소도 번진다.

 그렇다. 내 초능력의 근원은 그것이었다. 내가 버티는 힘은 책과 사람에게서 나왔다. 그 작지만, 결코 사소하지 않은 친절이 쌓여 언젠가 큰 파도가 되어 돌아올 것을 믿는다. 마음이 담긴 친절과 책과 사람다운 향기가 함께라면 오늘 하루도 아주 괜찮다.

은빛 종이책 수호자

2학기가 본격적으로 시작된 모양이다. 학생들의 한층 바빠진 분위기가 느껴진다. 밤늦게 급히 찾아오는 학생도 늘고, 벌써 2학기 중간고사 문제집을 찾는 사람도 있다. 그런데 덩달아 함께 늘어난 손님들이 있다. 바로 어르신들이다. 최근 사흘 연속 《EBS 왕초보 영어》 하下편을 찾으시는 분이 많았는데 놀랍게도 모두가 어르신들이셨다. 실은 거기에 놀라고 있는 내 모습이 좀 한심하다는 생각이 들었다. 시대가 바뀌고 세상이 바뀐 지가 언제인데…. 요즘은 몇 개 국어를 구사하는 분들도 많다는데 나는 도대체 언제 적의 고리타분한 고정관념에 혼자 사로잡혀 있었던 건가. 잔말 말고 재고나 여유 있게 주문해 두어야겠다고 생각했다.

어르신들이 사는 책의 수준과 빈도, 구매량을 보면 그거야말로 정말 놀랍다. 이분들이야말로 서점에 꾸준히 다니시는 귀한 분들이다. 종이책을 지키고 서점을 지키시는 진정한 수호자들. 이분들이 지닌 역량과 내공이 지역사회에 적극적으로 쓰인다면 엄청난 인적자원이 될 텐데 하는 생각이 든다. 물론 손자들 문제집도 한가득 자주 사신다.

어딘지 모르게 주변에 전해지는 경쾌함과 발랄함이랄까. 삶에 대한 긍정적임, 혹은 열정이랄까. 희끗희끗한 머리카락을 제외하면 이 손님들을 '어르신'이라고 부르기엔 너무나 젊으시다. 책이 가득 들어있는 백팩을 메고 다니시는 아주 힙한 멋쟁이 학생들이다. '시간이 없으니 열심히 부지런히 하나라도 더 배워야 해!'라는 정신이 절로 느껴진다. 마음 나이와 삶에 대한 태도는 그분들이 어쩌면 나보다도 더 젊으시지 않을까?

어떤 어르신 손님께서 중국어 교재를 사시기에 중국어 공부를 하시냐고 여쭈었더니 배워두면 여행 가서 말은 잘 못해도 읽을 수는 있지 않겠느냐고 답하셨다. 겸손하게 말씀하시며 사 가시는 책이 무려 4단계 책이다. 따님이 직접 번역 앱도 깔아줬다며 휴대폰을 보여주시면서 무척 좋아하셨다.

나도 외국어 공부를 시작해 볼까? 당장 뭐라도 배우고 공부를 시작해야 할 것만 같은 이 위기감은 무엇인가. 기분 탓인가, 나이 탓인가. 배움이야말로 젊음을 유지하는 최고의 비결임을 다시 한번 깨닫는다.

언젠가 머리카락이 희끗희끗해지는 날이 오면, 나도 친구들과 함께 청바지에 백팩을 메고 그림도 배우러 다니고 여행도 다니고 싶다. 그리고 무엇보다 학교나 도서관에서 아이들에게 그림책을 읽어주는 이야기 할머니가 되고 싶다.

어르신들을 뵈면서 나에게 생긴 새로운 꿈이다. 쌈지에서 용돈이나 사탕을 꺼내는 것도 좋지만, 따듯한 온기를 지닌 이야기를 꺼내어 나눠주고 싶다. 그렇다면 지금부터 부지런히 이야기를 모아서 쌓아두어야지. 즐겁게 배우고 공부해야지.

또 어쩌면 그보다는 먼저, 아직 미완의 꿈으로 남아있는 책방을 차렸을지도 모를 일이다. 그렇다면 아카시아 향기 흩날리는 시골 동네 어귀에 작은 책방을 차려두고 나는 글을 쓰고 내 단짝 친구는 그림을 그릴 것이다. 손님이 와도 좋고 없으면 없는 대로 또 좋고. 직접 쓰고 그린 시화詩畵를 내걸고 책방 앞에 나란히 앉아 볕뉘를 느끼며 그저 친구와 함께 꽃바람만 쐬어도 좋을 것이다. 어쩌다 반가운 손님이 찾아오면 직접 담근 3년 묵은 모과차를 내어야지.

분실물

 저녁 시간 단행본 업무를 하다가 카운터로 넘어왔는데 지갑이 하나 눈에 띄었다. 카운터 뒤편에 분실물을 모아놓은 바구니가 하나 있는데 그 안에 신용카드, 지역 화폐 카드, 음식물 쓰레기 배출 카드, 텀블러, 블루투스 이어폰 한 짝, 현금 지폐 등 주인을 잃고 기다리는 다양한 분실물들이 모여 있었다. 그중 하나가 지갑이었다.

 '누가 놓고 갔을까? 한창 찾고 있을 텐데. 어디서 잃어버린 줄 모를 수도 있을 텐데.'

 누군가 곧 찾으러 오겠지 싶어서 처음에는 그냥 두고 보았다. 그런데 하루이틀이 지나도 지갑은 그 자리에 그대로였다. 카드나 현금이면 몰라도 지갑은 신분증 같은 게 들어 있을 테니 조금씩 신경이 쓰이기 시작했다. 그래도 카운터 책임자들이 알아서 처리하겠지 싶어서 그러려니 하고 넘겼다.

며칠이 지나고 일주일이 넘도록 지갑은 분실물 바구니에 그대로 있었다. 아무래도 지갑 주인이 어디서 잃어버렸는지 정말 모르는 모양이었다. 나는 책을 찾으러 여기저기 오가면서도 계속 그 지갑에 시선이 갔다. 마음이 쓰였다.

'지갑 안에 명함이라든가 뭐라도 있을 텐데, 왜 안 찾아줄까?'

언젠가 어느 겨울날이었다. 버스에서 내려 한참을 걸어가고 있는데 누군가 헐레벌떡 뛰어와 장갑을 떨어뜨렸다고 건네주셨다. 나는 그때 이어폰을 끼고 걷고 있었다. 뒤에서 불렀는데 내가 못 듣고 계속 가니 끝까지 쫓아와 주인을 찾아주신 것이다. 어떤 아저씨분이셨는데 너무나 감사했다. 솔직히 요즘 누가 그렇게까지 하는가. 그분께 거듭 감사 인사를 드렸다. 그리고 그 후로 길에서는 이어폰을 쓰지 않고 귀를 열어두게 되었다.

사실 이건 나만의 일은 아니다. 내가 카운터 업무를 보는 시간은 마감하기 전 두 시간 정도다. 그 순간에도 살 책을 건네고 카드를 단말기에 꽂고 계산하는 내내 말 한마디 하지 않는 손님들이 많다. 게다가 말을 안 할 뿐만 아니라 잘 듣지 않는다는 사실도 알게 됐다. 요즘은 잘 보이지 않는 블루투스 이어폰을 많이들 끼고 있다. 키오스크가 생긴 이후로는 그걸 더 편하게 여기는 젊은 친구들도 많다. 그래도 길에서 걸을 때만큼은 안전을 위해서라도 세상을 향해 귀를, 마음을 열어 두면 좋겠다.

그 지갑을 보니 그때 나도 모르게 흘린 장갑을 주워 애써 전해주셨던 분이 생각났다. 나 역시 학생 때 지갑을 잃어버린 적이 있는데 그 지갑을 어느 이름 모를 이가 찾아주었던 기억도 떠올랐다. 모난 돌처럼 유별나게 구는 나의 오지랖을 싫어하는 이들의 눈치도 보였지만, 나는 마침내 마음을 먹고 그들의 눈을 피해 지갑을 열어 보았다.

지갑 안에는 학생증과 도서관 회원증이 들어 있었다. 알고 보니 서점 인근의 고등학교에 다니는 여학생이었다. 먼저 이름으로 전산에 검색해 보았지만 대부분 멤버십은 부모님 이름으로 가입하다 보니 학생 이름으로는 나오지 않았다.

나는 잠시 짬을 내어 학생증에 나와 있는 고등학교를 검색해서 용기 내어 전화를 걸었다. 전화를 받으신 선생님께 차근차근 자초지종을 설명해 드리고 학생에게 연락할 방법이 있으면 서점에서 지갑을 보관하고 있다고 꼭 좀 전해달라고 당부를 드렸다. 그리고 카운터 아르바이트생에게 어떤 학생이 지갑을 찾으러 올 수 있으니 잘 챙겨두라고 살짝 귀띔해 두었다.

오후쯤 카운터에 확인해 보니 벌써 지갑을 찾아갔다고 했다. 지갑을 얼마나 찾았을지 그 마음이 느껴졌다. 선생님께서 자초지종을 잘 전해주신 모양이었다. 방학 중인데도 곧바로 연락을 잘 전달해 주신 선생님께 감사했다. 나에게 장갑을 찾아주었던 분의 마음 씀씀이를 누군가에게 대신 보답할 수 있다니 기뻤다.

모두의 일상이 이미 분주하고 힘들고 빡빡하고 고된 것을 안다. 그래도 단 몇 분이라도 조금만 마음에 곁을 내면 지금 있는 자리에서 더 큰 보람과 기쁨을 쌓을 수 있다. 그럼, 언젠가 또박또박 마음에 적금 붓듯이 복리이자로 내게 다시 돌아올 텐데. 장사란 결국 사람을 남기는 일 아니던가. 지갑을 잃어버린 사람이 내 딸이나 조카일 수도 있고 어느 날의 나였을 수도 있다. 그렇게 지갑을 찾은 학생도 언젠가 길에서든 지하철에서든 분실물을 발견하면 한 번쯤은 자기 지갑을 찾아준 그 누군가를 떠올리며 작은 행동력을 발휘할 수도 있지 않겠는가. 오늘도 많은 분실물이 주인과 주인을 찾아줄 손길을 기다리고 있다.

도서 실종 사건

 마감 시간이 다 되어 갈 때쯤 여학생 둘이 찾아와 이꽃님 작가의 《죽이고 싶은 아이》라는 책을 찾았다. 처음엔 문제집과 청소년 서가 쪽에 남아있던 직원이 찾기 시작했는데 안 보인다고 도와달라고 했다. 아동 도서와 청소년 도서는 출판사 이름을 기준으로, 가나다순으로 정렬이 되어 있고 나 역시 자리를 알고 있는 책이어서 함께 한참을 찾아보았지만 없었다. 혹시나 어제오늘 사이에 갓 입고되어 북 카트에 아직 실려 있는 것은 아닌지 살펴보았지만 그것도 아니었다.

 재고가 한 권인데 안 보이는 것은 그럴 수 있지만 분명 전산에 두 권이나 뜨는데 둘 다 없다니 아무래도 이상한 일이었다. 그 시간에 남아 있던 베테랑 직원 두세 명이 다 같이 있을 법한 모든 곳을 또 한 번 샅샅이 뒤졌지만 없었다. 정말 귀신이 곡할 노릇이었다.

여학생들은 괜찮다며 다음에 다시 오겠다고 하고 빈손으로 돌아갔다. 이 친구들은 다시 오지 않을 것이다. 쿠팡이나 온라인 서점에서 주문하면 되니까. 학생들이 그렇게 돌아간 후 다른 직원이 추가로 주문을 넣어야겠다고 했다. 그 두 권은 도대체 어디로 사라졌을까?

마감 시간은 한참 지나 버렸다. 나는 서가에 최소한의 조명만 남기고 스위치를 내렸다. 카운터로 돌아와 일일정산을 맞추고 결산표를 인쇄하고 현금과 상품권 등을 정리했다. 초보 점원이 별별 업무를 다한다고 생각할지도 모르겠다. 나도 온 지 한 달도 안 되어 서점을 문단속하고 결산 업무까지 하게 될 줄은 미처 몰랐다. 모든 확인을 마치고 마지막으로 컴퓨터를 껐다. 그리고 엘리베이터를 잠갔다. 유니폼 앞치마를 벗고 카운터 뒤편 아래에서 가방을 꺼내고 일어서는데, 헉!

놀랍게도 아까 그토록 찾던 《죽이고 싶은 아이》 두 권이 카운터 뒤에 잔뜩 쌓여 있는 책들 사이에 얌전히 끼어 있었다. 아마도 누군가 전화로 예약해 둔 책이었나 보다. 그 후, 이런 일이 생각보다 꽤 자주 있는 일이라는 걸 알게 되었다.

그로부터 며칠 뒤에도 한 여학생이 《고백》이라는 일본 소설을 찾았는데 같은 상황이 발생했다. 한 권의 재고가 전산에 떴고 역시나 책은 카운터에서 예약한 손님을 기다리고 있었다. 나는 지금 내 앞에 이미 와 있는 여학생 손님에게 그 책을 먼저 주고 싶었지만, 안타깝게도 나에게는 그럴 권한이 없었다. 먼저 예약한, 아직 오지 않은 손님에게 이미 입고 문자가 보내졌을 테고 내일이라도 찾으러 올 수도 있는 일이었다. 나는 그 여학생에게 죄송하다고 하고 입고되면 문자를 드리겠다고 했다. 그리고 그 책 역시 또 추가 주문을 넣었다.

일주일쯤 지났을까? 마감하면서 카운터 뒤편에 예약 대기로 여전히 잔뜩 쌓여 있는 책들을 한 번 더 바라보았다. 거기에는 지난번 그 《죽이고 싶은 아이》와 《고백》이 아무도 찾아가지 않아 그대로 남아 있었다. 책 중에는 얼마 전에 인근 초등학교 엄마들 사이에 대란이 났던 《초등사회과부도》도 한 권 꽂혀 있었다. 5학년에서 6학년까지 이어서 쓰는 교과서인데, 학년이 바뀔 때 미처 모르고 다 버리는 바람에 한 번 난리가 났던 모양이었다. 그 책도 재고가 모자라서 그냥 가신 분들이 꽤 있었는데….

서점에 일하면서 처음 알게 된 사실이 있다면 바로 전화 업무가 정말 많다는 것이다. 일반 회사에서 일할 때보다도 훨씬 많아 신기했다. 물론 원하는 책이 재고가 있는지를 알아보는 문의가 많은 것은 이해가 된다. 문제는 그게 끝이 아니라는 거다. 전화로, 문자로, 카톡으로 여기저기서 쉴 새 없이 각종 문의와 주문 예약이 이어졌다. 그리고 그 문의나 예약 한 건에서 여러 가지 다른 일들이 추가로 파생되었다.

나는 일이 많은 것보다 너무나 비효율적인 운영 방식에 회의감이 들었다. 그러나 마찬가지로 나에게는 그 어떤 권한도 없었고, 누군가에게 묻고 싶었지만 물을 '책임자'가 없었다. 이미 거기에 모두가 익숙해져서 나의 의문은 다른 이에겐 그저 거슬리는 질문일 뿐이었다.

비효율의 근원은 소통의 부재였다. 전화든 메시지든 주문 예약이 한 건 발생하면 먼저 책의 재고를 찾아본다. 책이 있으면 서가에서 빼 와 연락처를 메모해 카운터에 넘기고, 없으면 새로 주문한다. 개별 주문한 책이 입고되면 다시 이전 목록을 확인해서 해당 주문 건을 찾아 책이 입고되었다는 확인 메시지를 보내고 카운터에 빼놓는다. 따로 그것만 담당하는 직원이 있는 것이 아니라 모든 일은 동시다발적으로 그때그때 요청을 받는 사람이 처리했다.

문제는 실제로 손님이 계산하기 전까지 계속 전산에는 재고가 있다고 뜨는 것이다. 그 사실을 모르는 직원들은 여기저기 책을 찾아다니다가 없으면 추가 주문을 넣는 일이 발생했다. 게다가 말 그대로 언제 결제될지 알 수 없는 예약이다 보니, 이렇게 예약해 두고서 열흘은 기본이고 한 달이 넘어도 주인이 찾아가지 않은 책들이 제법 많았다.

언제 올지 모를 손님을 기다리며 그만큼 재고를 떠안아야 하는 것은 물론이고 나중에 찾아가지 않고 쌓인 재고들은 직원들이 서가 여기저기를 다니며 제자리에 다시 꽂아야 했다. 중복 재고가 많을 때는 반품 작업도 해야 했다. 인근의 학교나 학원, 독서 모임 등에서 한 번 언급되기라도 하면 특정 시기에 같은 책을 찾는 사람이 갑자기 늘어 재고를 왕창 확보했다가 대부분 그대로 반품하기도 했다. 입고만큼이나 반품 업무가 주기적으로 꽤 많은 부분을 차지했다. 서점 업무는 상상 이상으로 노동집약적, 정신집약적인 일이었다.

서점에 '노쇼'가 이렇게나 많다는 것을 그때 알았다. 급하다고 주문 예약을 해놓고 취소되는 경우 다시 연락을 주는 손님은 매우 드물었다. 누군가에게는 그냥 한 통의 전화나 문자이고 한 권의 책일 뿐이었지만, 우리 직원들에게는 한 건 한 건이 쌓이고 쌓여 과중한 업무가 되었다. 어느 일이나 그렇듯이 하나의 상황이 발생하면 전후로 보이지 않게 참 많은 일들이 연이어 생기는 데 한 번쯤은 그 보이지 않는 과정을 생각해 줬으면 했다.

그렇게 소리 없이 분주하기만 하고 허무한 업무가 매일매일 꽤 큰 비중을 차지했다. 여기에 드는 비용과 손실, 소모되는 인력은 차치하더라도 가장 중요한 문제는 지금 당장 두 발로 직접 서점에 찾아온 손님이 아직 오지 않은, 혹은 언제 올지 모를 손님으로 인해 있는 책을 눈앞에 두고도 빈손으로 돌아가야 한다는 점이다. 이미 지금 와 있는 손님과 아직 오지 않은 손님, 누가 더 그 책이 절실한가. 시간은 돈이라는데 일부러 시간을 내어 여기까지 온 손님의 기회비용과 실망감은 누가 보상할 수 있나. 때로는 너무 과한 친절이 두 마리 토끼를 모두 놓치게 만들기도 한다.

종종 책을 예약해 놓고 입구에 들어서자마자 점 찍듯 계산만 하고 바로 떠나버리는 손님을 만날 때면 안타까운 마음이 들기도 했다. 그들은 서점에 '다니기'는 했으나 결코 머무르는 손님은 아니었다. 정말 바쁜 것일 수도 있겠지만, 정말 그렇게까지 바쁜 건가. 서점에 머무르며 책을 발견하는 재미와 기쁨도 누리지 못할 만큼.

한편, 《죽이고 싶은 아이》는 우리 집에도 있다. 청소년 친구들이 연이어 찾을 만큼 인기가 좋았고, 도대체 얼마나 죽이고 싶기에 그러는지 나 역시 몹시 궁금하기도 해서 샀다. 최근에는 《죽이고 싶은 아이 2》가 나왔다는 소식도 들었는데, 또 사야 하나 싶다. 나는 서점에서 일하게 되면서 어느 때보다도 책을 많이 샀다. 읽지는 못하고 열심히 사기만 했다. 이 또한 허영이라면 허영이랄까, 일종의 대리만족이랄까. 여전히 표지만 바라보고 있는 책도 많다. 언젠가는 읽겠지.

샤프펜슬 골라주는 아빠

 며칠 전 늦은 저녁 시간, 아빠와 딸이 찾아와 한참 문구를 골랐다. 아빠가 딸에게 샤프펜슬을 골라주는데, 심의 굵기가 0.5밀리인 것부터 0.7, 0.9밀리인 것까지 이것저것 직접 다 써보고 딸에게 추천해 줬다. 그 모습이 0.3밀리 샤프심처럼 더없이 세심해서 인상 깊었다. 아빠는 더 좋은 것을 해주고 싶은데 딸아이는 "이 정도면 될 것 같아." 가볍게 답한다. 역시 자상하게 샤프심까지 빠뜨리지 않고 챙겨서 골라주신다. 세상에 이런 아버지가 실제로 존재하는구나, 신기할 지경이었다. 내게는 그런 아버지가 없었기에.

 내가 그 풍경을 보려고 본 것은 아니고 들으려고 들은 것도 아니다. 마감 시간이 다 되었고 문구류 중에서도 펜 종류는 말소리가 다 들릴 만큼 가깝게 카운터 바로 앞에 진열된 데다가 손님이라고는 그 두 분밖에 없어 안 들릴 수 없었다.

 가만히 손님들의 특성을 살펴보면 참 재미있는 부분이 있다. 가장 높은 비율은 차지하는 엄마 손님들은 대부분 책 사진을 들고 와서 매우 꼼꼼하게 책을 고르고 여러 책을 비교하기도 한다. 또 궁금한 게 있으면 직원들에게 바로바로 잘 물어보는 편이다. 아빠 손님들은 상대적으로 어떤 책인지 별로 관심이 없다. 정확히 무엇인지 모른 채 그냥 예약해 둔 걸 찾아오라는 아내의 심부름을 온 경우가 많았다. 그리고 결제는 아빠 카드로 해도 포인트 적립은 당연히 엄마 앞으로 한다. 쌓기는 아빠가 많이 쌓았는데 엄마 허락 없이는 쓸 수 없는 슬픈 현실이다. 누나와 남동생도 그런 경우가 종종 있다. 한 남학생이 문제집을 여러 권 살 때 여자 이름 앞으로 포인트를 꽤 많이 쌓았기에 책 살 때 쓸 수 있다고 이야기해 주었더니 울상을 지으며 "누나 거예요." 그런다. 매번 자기가 문제집을 잔뜩 사서 포인트를 쌓아줬는데 쓸 수는 없단다.

'나는 언니가 그랬어.'

아이들도 아빠랑 왔을 때랑 엄마랑 왔을 때랑 모습이 아주 다르다. 아무래도 엄마와 왔을 때는 허락을 받아야 해서인지 눈치를 보며 매우 신중하게 고른다. 계산을 위해 바코드를 찍다가 어쩌다 터무니없이 높은 가격이 모니터에 뜨면 내가 먼저 놀라서 한 번 더 가격을 확인시켜 드리게 된다. 아무래도 이때는 엄마 마음이 중요하다.

아빠와 함께 왔을 때는 그래도 비교적 이것저것 많이 산다. 아이가 무엇을 사든 아빠는 크게 간섭하거나 검열하지 않는 경우가 많다. 심지어 캐릭터 키링 뽑기가 수십 개 들어 있는 상자를 통째로 사주겠다는 아빠분도 계셨다. 오죽하면 어린 딸이 사랑이 넘치는 철없는 아빠를 뜯어말렸다. 그렇게 행복해하는 아이들을 보면 나도 덩달아 웃으며 "아빠 카드 최고!"를 외치고는 했다. 아빠들이 돈 많이 벌어야 하는 이유다. 그만큼 가족들과 함께 있는 시간을 일에 쏟는 시간과 맞바꾸는 일도 있겠지만 말이다.

물론 모두가 다 그렇다는 건 결코 아니다. 샤프를 골라주던 아빠 손님처럼 꼼꼼히 챙기는 분도 있고 아이들이 원하는 대로 마음껏 사주는 엄마들도 있다. 엄마 카드도 최고다. 어떤 모습, 어떤 풍경이든 그저 참 흐뭇하다. 어디든 사람 사는 건 다 비슷하다.

하루는 멀리서 사는 친구가 딸아이를 데리고 서점에 찾아왔다. 서점이야 언제든 누구라도 들르는 곳이니 특별한 일은 아니었지만, 자신이 사는 동네도 아닌데 일부러 시간을 내어 멀리까지 운전해서 찾아와 준 친구가 너무나 반갑고 고마웠다. 빈손으로 와도 되는데 동료들과 나눠 마시라며 박카스 한 상자를 사 들고 왔다. 아무리 가까운 거리라도 마음이 없으면 더없이 먼 거리가 된다는 걸 알기에 친구의 그 다정한 마음이 참 소중했다.

조카가 찾아왔으니 이때다 싶어서 나는 마침내 자랑스럽게 카드를 꺼내 들었다. 솔직히 나도 한 번쯤 아이와 함께 오는 다른 엄마 아빠들처럼 해보고 싶었다. 이모 카드 플렉스를. 여기서부터 저기까지 사고 싶은 거 다 사도 괜찮다고 했지만, 수줍음이 많은 조카는 겨우 캐릭터 스티커 북 한 권을 골랐다.

두 사람이 시간을 보낼 수 있게 중앙 테이블로 안내하고 나는 업무를 이어갔다. 아이와 함께 서가를 둘러본 후, 친구는 그동안 읽고 싶었는데 도서관에서 찾을 때마다 늘 대출 중이어서 읽지 못했다던 《불편한 편의점》을 읽었다. 근무 중이라 아쉽게도 함께 마주 앉지는 못했지만, 나는 오며 가며 서가에 책도 꽂았다가 친구와 조카 곁에 살포시 다가가 말을 건네기도 하고, 또 서가와 서가 사이에서 모녀의 모습을 가만히 한참을 바라보기도 했다. 그 풍경을 마음에 담으니 또 뿌듯하고 든든해졌다. 서점은 그런 공간이어서 참 좋다. 언제라도 친구가 놀러 올 수 있는 직장이라니! 게다가 도서관에서는 떠들면 안 되지만, 서점에서는 말을 건네도 되니까.

가기 전에 친구에게 필요한 책을 좀 더 고르라고 하니 겨우 아이의 수학 문제집 한 권을 고른다. 딸이 누굴 닮았나 했더니 엄마를 닮았다. 엄마 마음은 그런 것이구나. 자신이 읽고 싶은 책은 못 사고, 아이 공부가 먼저인 거구나. 친구는 잠시도 쉬지 않고 이리저리 오가며 일하는 내 모습에 놀랐다며 내가 다른 책을 더 사주겠다고 해도 끝까지 사양하며 돌아갔다. 그렇다면 나는 더더욱 친구와 똑같은 마음을 가져야겠다고 다짐했다. 앞으로는 책을 더 자주 선물해야겠다고 말이다.

문구는 위험해

서점에서 팔리는 다양한 문구 중에 아주 희귀해 품절 대란이 났던 아이템이 한 가지 있었으니, 바로 포켓몬 카드다. 입고되자마자 동이 나기 일쑤여서 미리 전화 예약까지 하는 경우도 있었다. 어느 날 예약한 분 중 한 분이 아이들과 함께 찾아오셨다. 아이들을 이모와 함께 책 구경을 하라며 자연스럽게 먼저 들여보내신 엄마 손님께서 카운터 가까이 다가와 나에게 속삭이셨다.

"포켓몬 카드로 연락했던 사람인데요. 카드 있나요?"

분위기를 보아하니 아이들 모르게 준비한 서프라이즈 선물인 모양이었다. 나도 덩달아 주변 눈치를 살피며 작게 속삭이듯 말했다.

"○○○○번 맞으시죠? 아이들에게는 비밀인가 봅니다."

"네."

그 순간 손님과 나는 웃음과 눈빛을 교환하고 한 팀이 되어 아이들 모르게 비밀작전을 수행했다. 그러고는 밤 깊은 시간 마감을 하는데 카운터에 있는 업무용 핸드폰으로 메시지가 왔다. 포켓몬 카드를 사 가셨던 엄마 손님께서 아이들이 너무나 좋아했다며 감사의 말을 전해주셨다. 순간 마음에 미소가 번지며 그날의 피로도 사르르 풀렸다.

늦게 찾아오신 손님도 이제 웬만큼 다 다녀가시고 홀로 고요한 마감 시간을 맞으면, 나도 슬슬 정리정돈을 시작한다. 펜이나 지우개, 샤프심 등 재고가 빈 곳들을 찾아서 되는 대로 조금씩 채운다. 나는 왜 쉼 없이 정렬을 맞추고 있는가. 안 하기가 쉽지 않다. 순서가 뒤섞여있으면 맞게 정렬해야 하고, 이가 빠져 있으면 채워 넣어야 하고, 내 마음이 그렇다. 1, 2, 3, 4, 5… 52, 53… 번호를 맞춘다. 앞에서 잠깐 쓴 적 있지만 아이들 책은 시리즈가 중국 드라마 수준으로 길어 포기했다. 그렇게 여기저기 정리를 하고 마감하다 보면 슬그머니 말을 걸어오기 시작하는 아이들이 있다. 귀엽고 사랑스러운, 내가 가장 좋아하는 문구 아이들이다.

'오늘 하루 힘들었잖아. 이 정도는 해도 돼! 괜찮아.'

악마의 속삭임이다. 한 번도 안 해본 사람은 있어도 한 번만 한 사람은 없다는 뽑기. 그것도 짱구 오뚝이 뽑기다. 마흔은 불혹不惑이라더니 잘못 쓰셨다. 필혹必惑이다. 결국 또 손을 뻗고야 만다. 녀석들의 유혹에 나는 아주 쉽게 넘어간다. 사실 처음부터 저항할 마음조차 없었다. 커피도 밖에서 안 사 먹는 나인데, 요즘은 왜 카드가 휴대폰 속에 들어있기까지 해서 돈 쓰기도 이렇게 쉽게 만들어 놓은 건지. 심지어 내가 가지려고 뽑는 것이 아닐 때도 많다. 놀러 온 친구 조카들에게도 뽑아주고, 누구누구의 선물로도 뽑아주고, 그러면서 대리만족을 한다. 책과 함께 선물로 택배까지 부쳐가면서.

"얼른 (여기서 바로) 뜯어 봐!"

뜯기 좋게 가위로 포장지를 살짝 잘라주는 적극적인 친절까지 발휘해 가면서 말이다. 이러다 종류별로 다 나올 때까지 뽑을지도 모를 일이다. 누구든 금손 가진 사람이 있다면 좀 빌리고 싶다.

나는 책 다음으로 펜을 제일 많이 산다. 미용실도 잘 안 가고, 네일 아트도 해본 적이 없고, 일할 때 거추장스러워서 반지 같은 액세서리도 거의 착용하지 않는다. 옷이나 화장품에도 그다지 관심이 없다. 대신에 문구를 산다. 노트와 펜이 내게는 종합 비타민이자 분홍 립스틱이다. 샤프펜슬도 종류별로 굵기가 다 달라서 책마다 기분 따라 바꿔가면서 쓴다. 스탬프도 좋아하고, 마스킹테이프는 누가 뭐래도 사랑 그 자체이다. 철없는 아줌마라고 흉볼지 모르겠지만, 나는 이런 무용한 것들을 좋아한다. 내 눈에 자꾸만 예뻐 보이는 것을 어찌겠는가. 나의 알고리즘은 온통 책과 문구로 채워진다.

무엇보다 내가 매일 즐겨 쓰는 것은 만년필이다. 10년 넘게 내 손에 딱 알맞게 길든 가장 오래 쓴 만년필은 일본 플래티넘 제품이다. 글벗들이 '여운체'라고 불러주는 나의 글씨체를 더욱 나답게 잘 살려준다. 문구인으로서 아주 작지만 값비싼 소망이 하나 있다면, 나도 언젠가 한 번쯤 아니 한 자루쯤 몽블랑 만년필을 가져보는 것이다.

역시나 문구는 위험하다. 책과 문구를 사랑하는 나에게 이곳은 참새 방앗간이다. 문구를 사랑하는 한 나는 결코 부자가 되지 못할 것 같다.

시험해방소년단

 그들이 몰려오고 있다. 시험해방소년단. 벌써 저 멀리 문 밖에서 들려오는 소리로 시험이 끝났다는 것을 알 수 있다. 돌고래 소리에 가까운 즐거운 비명과 까르르 웃음소리에 왁자지껄 떠드는 소년, 소녀들의 해방감이 내게도 고스란히 전해진다. 오늘만큼은 너희의 소란함을 허락하노라, 하는 마음이다. 학생들은 문제집은 이쪽, 만화책은 저쪽에 있다는 것도 이미 알고 있다. 덕분에 서점 안 분위기도 절로 한층 화사하다. 시험이 끝났는데도 다른 데 안 가고 서점에 오다니. 내 조카들이라도 되는 양 얼마나 착하고 예뻐 보이는지 모른다. 이런 친구들이 문제집을 많이 풀어주는 덕분에 내가 월급을 받는다. 정말 그렇다.
 그렇다면 문제집의 짝꿍은 어떤 게 있을까. 바로 샤프심이다. 문구 코너에서 가까운 카운터에 서 있으면 "샤프심 어디 있어요?"라는 질문을 가장 많이 받는다. "그대로 뒤

돌아서 2번과 3번 통로 사이 안쪽 오른편 위예요."라고 위치를 알려주고 학생들이 계산대로 들고 온 샤프심을 보고 속으로 생각한다.

'이 친구는 2B 파군. 이 아줌마는 HB 파였는데 나이가 드니 B가 좋아지긴 하더라.'

덧붙여서 샤프심이 바늘이면 지우개는 실이다. 바로 옆에 나란히 진열되어 있다. 문제집을 고르는 학생들은 자연스럽게 샤프심을 사고, 샤프심을 사는 학생들은 지우개도 집어 든다. 여기에 추가로 내 관심을 끄는 품목이 하나 더 있는데 바로 펜이다.

'그래, 바쁜 너희에게 펜 끝판왕은 프릭션 멀티 펜이지. 리필 심도 색깔별로, 굵기별로 잘 나오고 지워지는 펜도 나오고. 나는 0.38 세필 파야, 참고로 최애는 스테들러. 이래 봬도 나도 꽤 글씨 좀 쓰고 밑줄 좀 긋는단다. 그렇다고 이 나이에 문제집 풀 것도 아닌데 이걸 언제 다 쓰려고 자꾸 펜을 사는지 모르겠다. 월급 받아서 책 다음으로 많이 사는 게 펜이란다. 나 좀 말려줄래?'

시험이 끝났다고 학생들이 모두 만화책만 찾는 건 아니다. 학교별 필독 도서도 있고 논술 학원에 다니면서 매달 추천 도서를 찾는 학생들도 있다. 그밖에는 주로 소설을 자주 찾는데《봉제인형 살인사건》이나《꼭두각시 살인사건》같은, 표지도 제목도 유난히 눈에 띄는 책을 고르는 학생도 있다. 책을 보고 함께 온 엄마가 심히 걱정하는 모습도 봤다. 그 마음 나도 이해된다. 내가 다니고 있는 독서 모임의 글벗 중에는 그런 이유로 자신이 먼저 책을 읽은 후에 아이에게 물려준다는 분도 있다. 아이를 위해서 밑줄도 긋지 않고 인덱스만 붙이며 깨끗하게 읽는다. 참 부지런하고 바람직한 모습이다. 가끔 아직 어린 친구들이《데미안》이나《모비딕》을 찾거나 친구들과 함께 안톤 체호프의 희곡집을 찾을 때도 있다. 나이 불문하고 멋지고 존경스럽다. 나는 청소년 베스트셀러 매대 위에 헤르만 헤세의《데미안》과 조지 오웰의《동물농장》,《1984》를 자주 어루만진다. 가장 많이 채운 책이다. 책을 좋아하는 학생들을 보면 권해보고 싶어진다.

한번은 문제집 안쪽 서가에서 한 학생이 서성이고 있었다. 고2 정도 되어 보였다. 무거운 책가방을 멘 학생의 뒷모습에 대한 데이터가 어느 정도 쌓이면, 간당간당 매달려 있는 가방의 축 처진 정도만 봐도 저 학생은 고3 아니면 최소한 고2는 되겠구나, 알 수 있게 된다. 어릴수록 가방을 제대로 잠그지 않고 아예 열어놓고 다니는 경우도 많다. 학생에게 다가가 특별히 찾는 교재가 있느냐고 물으니 고2 수학 문제집을 찾는단다. 정확한 서가 위치를 알려주니 학생은 고맙다는 말과 함께 한참 책을 고르더니 몇 권을 들고 카운터로 향한다. 그런데 웬걸? 잠시 후 다시 나타나 들고 갔던 몇 권 중 일부를 도로 꽂아 넣고 있었다. 궁금해서 이유를 물어보니 카드를 깜빡하고 놓고 왔는데 현금이 만 원밖에 없어 저녁에 다시 오겠다고 했다. 꼭 다시 오렴.

얼마 전에는 멸종 위기의 국어사전을 찾는 학생도 있었다. 종이로 된 사전을 찾는 게 맞는 거라니 놀랐다. 서점이니 구색을 갖추느라 사전을 조금씩 들여놓기는 했지만 사실상 유물에 가깝다. 솔직히 종이로 된 사전을 찾는 학생을 처음 봤다. 당연히 있을 거로 생각했던 스마트폰이 없다고 한다. 경제적 문제였을까, 아니면 부모님의 교육적 철학이었을까. 그것도 아니면 정말로 국어를 사랑해서 좀 더 심도 있게 직접 단어를 찾고 음미해 보고 싶은 작가 꿈나무였을까. 절판하지 않고 여전히 사전을 만드는 출판사에도, 사전을 찾는 그 학생에게도 고마운 마음이 들었다. 진심이다.

카운터에서 문제집을 계산하다가 5만 원도 안 되는 금액을 할부로 계산해 달라는 학생을 만난 적도 있다. 할부 수수료가 더 나올 텐데. 차마 거기서 학생에게 무언가 묻거나 할 수 없어 평소처럼 자연스레 해달라는 대로 결제를 해주었지만 나는 그 학생의 부모 생각이 많이 났다. 아이가 건강하게 자라는 것 다음으로 먹고 싶은 것 실컷 먹게 해주고, 하고 싶은 공부 실컷 하게 해주는 것만큼 부모가 더 바라는 게 있을까. 그런데 문제집 두세 권을 사면서 몇만 원 되지 않는 금액을 할부로 사게 하는 부모 마음이란 오죽할까. 풀어야 할 문제집은 끝도 없고 한두 달 안에 끝날 공부도 아니니 말이다. 누구나 다 당연하게 하고 싶은 공부를 마음껏 하고, 풀고 싶고 풀어야 하는 문제집을 다 살 수 있는 것은 아니다. 게다가 참고서나 문제집은 도서관에서 빌릴 수도 없다. 그 학생에게도 부모에게도 당장 문제집값이, 공부의 무게가 그들이 짊어진 삶의 무게만큼이나 녹록지 않았을 것이다.

꼭 그런 이유 때문은 아니더라도 요즘 학생들은 어른들만큼이나 무거운 짐을 어깨에 지고 있는 것 같다. 지쳐 보일 때가 많다. 어른들은 9시 출근 6시 퇴근에 주 5일 근무이기라도 하지. 아이들은 밤 10시에 학원 마치고도 서점에 온다. 잠은 충분히 자는지 모르겠다. 어깨를 짓누르는 일상의 무게를 이겨내며 아이들이 자란다. 이들이 기쁨의 비명을 내지르는 소리를 더 자주 듣고 싶다. 아이들이 마음껏 꿈을 가져도 되는, 자주 행복한 세상이었으면 좋겠다.

단골 메뉴는 라테

"나 서울대 나온 사람이야."

오자마자 다짜고짜 묻지도 않은 고학력을 커밍아웃하신 연세 지긋하신 어르신 손님께서 같은 학교 출신의 친구분이 쓴 어떤 책을 찾아달라고 하셨다. 무슨 육각수의 비밀 같은 제목이었다. 육각수는 가수 아니었던가. 나는 열심히 찾아봤지만 아무래도 절판된 책인지 손님이 요청한 책은 여기저기 검색해 봐도 나오질 않았다.

"내가 돈을 줄 테니까 좀 찾아보라니까! 왜 안 된다는 거야!"

어디선가 라테 출몰 경보음이 울리는 듯했다. 예상대로 그게 끝이 아니었다. 라테에 한술 더 떠서 휘핑크림까지 듬뿍 얹으신다.

"안 된다고만 하지 말고! 없으면 도서관 같은 데서 찾아서 복사라도 좀 해줄 수 있잖아!"

뒤로 다른 손님들이 밀려 있음에도 전혀 아랑곳하지 않던 이 손님은 그렇게 한참을 불가능한 요구를 하셨다. 나는 적잖게 당황스러웠다. 우선 당장은 책을 바로 찾을 수 없으니 연락처를 남겨주시면 주말 동안에 중고 서점에서 좀 더 찾아보고 연락을 드리겠다고 말하고 일단락을 지었다.

가끔 개별적으로 중고 서적을 좀 구해달라는 손님들이 계시긴 하다. 그러나 대부분은 직접 알아보다가 쉽지 않아서 혹시 시간이 좀 걸리더라도 가능한지 조심스레 부탁을 해오는 경우가 대부분이다. '반드시' 구해달라고 요구하지는 않는다. 그럼 또 어떻게든 알아봐 드리고 싶다. 게다가 연세가 많으신 손님들께는 더 어렵고 번거로운 일이 될 수도 있다는 걸 알기에 가능하면 도와드리고 싶다. 이렇다 보니 내가 걸쳐 놓은 오지랖 낚싯줄이 한 가닥 한 가닥 더 늘어난다. 주말 동안 온라인 중고 서점을 뒤져서 찾은 정보를 전화로 알려드렸더니 이미 구했다고 하신다. 다행이다 싶으면서도 한숨이 나왔다.

만약 처음에 학력이나 권위를 내세우는 대신 찾으시는 책과 그 책을 쓰신 옛 친구 분과의 값진 이야기를 들려주셨더라면 어땠을까? 왜 그 책을 찾으시는지, 그 책이 어떤 의미인지를 전해주셨으면 더 좋았을 텐데. 그랬다면 지금 여기에 전혀 다른 이야기가 쓰였을 것이다.

복사라도 하면 안 되느냐는 말을 들으면 줄줄이 연달아 생각나는 광경이 있다. 서점 한구석에는 셀프 복사 코너가 있는데 '셀프'라는 말이 무색하리만치 자주 불려 다녔다. '인쇄가 안 돼요', '용지가 걸렸어요', '토너가 없어요', 등등 이유도 다양하다. 그래도 그런 거라면 얼마든지 괜찮다. 문제는 그러다 종종 목격하게 되는 일부 손님들이다. 이들은 판매하고 있는 악보나 문제집을 아무렇지 않게 가져다 그때그때 일부분만 복사해서 가져간다. 심지어는 몹시 다급하게 찾아달라는 책을 어렵사리 찾아줬더니 그 책을 사 가는 게 아니라 대놓고 필요한 부분만 복사해 달라고 요구하는 손님도 있었다. 사는 것보다 필요한 부분만 복사하는 게 훨씬 싸니까 그렇다는 건 알겠다. 하지만 그 책을 쓰고 고치고 만들기까지 보태어진 손길과 시간과 노력과 정성을 한 번이라도 떠올렸다면 그럴 수 있을까.

대놓고 무례한 갑질만큼이나 소리 없이 조용한 무례함도 있었다. 밑줄 그어 가며 문제집을 푼 흔적이 있는데도 말없이 잘못 사 갔다며 바꿔 달라는 손님도 있었고, 언제 어떻게 찢긴 건지 아니면 누군가 찢은 건지 알 수 없으나 안쪽 페이지 몇 장이 훼손된 책을 발견하기도 했다. 쓰레기나 빈 컵을 책장이나 의자 밑 구석에 숨겨놓고 가는 손님은 물론이고, 눈앞에 여러 권이 있는데도 불구하고 흠집 하나 없는 새 책으로 따로 주문해 달라는 손님까지 정말 각양각색이었다. 하지만 서점은 도서관도 학원도, 학교도 아니다. 기본적으로 지켜야 할 원칙은 어디서든 지켜져야 하는 법이다.

시험지에 비라도 내린 걸까

비가 온다. 비가 오는 날이면 한 가지 위대한 사실을 발견할 수 있다. 어쩌면 책과 사람이 같은 성분으로 이루어져 있는지도 모른다는 사실이다. 책을 이루는 종이도 사람을 이루는 마음도 습기에 몹시 취약하다. 그러고 보니 잘 구겨지고 쉽게 찢기는 것도 닮았다. 오늘처럼 비가 오는 날이면 책과 사람으로만 가득 찬 서점이라는 공간은 습기를 있는 힘껏 머금고 공기는 더욱 차분하게 착 가라앉는다. 그리고 책에도 사람에게도 민감한 나는 그 분위기를 아무래도 더 잘 느끼지 않을 수 없다.

그날도 온종일 비가 내리고 있는 날이라 서점이 한가한 편이었다. 잠시 후 한눈에 보아도 덩치가 제법 커다란 남학생이 터벅터벅 힘없는 발걸음으로 서점에 들어섰다. 학생의 머리카락은 비를 맞아 숨이 죽어 있었고 행동도 역시 비에 흠뻑 젖은 듯 힘없이 풀이 죽어 축 처져 있었다.

물에 젖어 눅눅하게 녹아내리는 설탕처럼 학생은 참고서가 빼곡히 즐비한 서가 사이를 흐느적흐느적 배회하며 가끔 이 책 저 책을 뽑았다 다시 꽂기를 반복하고 있었다. 한창 힘이 넘치고 즐거워야 할 나이에 세상 모든 것을 잃어버린 것처럼 느껴졌다. 누가 저 학생을 저렇게 만들었을까? 시험지에 비라도 내렸을까? 마음에 비가 내렸을까?

서점에 오는 발걸음의 무게가 새로운 배움을 발견하고 깨치는 데서 오는 즐거움과 경쾌함으로 가벼우면 좋으련만, 마치 책 무덤 속으로 들어와 가위에 눌린 듯 한없이 버거워만 보였다. 손끝 하나를 겨우 움직여 그 무게에서 벗어나려고 안간힘을 쓰고 있는 것 같았다.

"많이 힘들어요?"

조용히 내가 물었다.

"네."

학생이 힘없이 대답했다.

"찾는 책이 있을까요?"

"네."

"어떤 교재를 찾나요?"

"비문학이요."

"그건 이쪽에 없는데…."

나는 학생이 찾는다는 교재가 있는 쪽으로 안내했다. 학생은 조용히 따라와 자신이 찾던 교재를 손에 들었다. 커다란 덩치와 손의 크기에 비하면 하염없이 작은 교재가 들렸음에도 학생은 무거운 십자가를 진 듯 그 무게를 지탱하지 못하고 곧 쓰러질 듯 보였다.

학생이 감사하다며 힘없이 인사를 하고 서점을 나가려 돌아선다. 우산이라도 빌려줄지 물었지만 학생은 우산이 있다고 했다. 우산이 있는데도 왜 비를 맞고 왔을까 의문이 들었다. 힘없이 돌아서는 학생에게 "힘내세요! 파이팅!" 했더니 "네."라고 겨우 대답한다.

학생은 또 비를 맞으며 거리를 걷고 있을까? 그 뒤로도 그 학생은 가끔씩 서점에 들렀다.

흐름에 맡길 뿐

서점 업무라는 것이 분주한 시간대가 일정하게 정해져 있는 것은 아니다. 갑작스레 손님들이 몰려드는 때가 있는가 하면 썰물이 밀려 나가듯 잠잠하게 잦아드는 때가 있다. 그때그때 예측이 불가능하다. 그렇다고 손님이 뜸할 때 일이 없는 것도 아니다. 손님들이 몰려왔다가 빠져나가면 서가에 그만큼의 책도 빠져나가게 되어 있다. 얼른 여분의 재고를 찾아다가 빈 곳을 채우고 서가를 정비해 놓아야 한다. 특히 참고서와 문제집을 찾는 손님들은 사냥감을 노리는 매처럼 구매할 대상과 목적이 구체적이고 분명할 뿐만 아니라 촌각을 다투는 경우가 많다. 척하면 척하고 책을 건네는 신속함과 정확함이 최고의 친절이자 고객 만족의 길이고 이는 곧 서점 매출로 직결된다.

한바탕 손님들이 요란하게 서점을 휩쓸고 간 후 한 여성분이 서가를 둘러보고 있었다. 나는 빈 서가에 책을 채워 넣으며 그 여성분께 특별히 찾는 책이 있는지 여쭤보았다. 그분은 "아니요."라고 짧게 대답했다. 이럴 때 '아니요.'라는 말은 자신이 직접 둘러보고 원하는 책을 못 찾으면 그때 가서 물어보겠다는 뜻이라는 걸 나는 경험으로 터득했다.

20분쯤 시간이 지났을까? 한 남성분이 바쁘게 총총걸음으로 들어오셨다. 들고 있는 쪽지를 내밀면서 적혀있는 대로 교재를 챙겨 달라고 하셨다. 교재는 총 네 종류 정도 되었고 모두 합쳐 열다섯 권이 조금 넘었던 것으로 기억한다. 학원 수업이 시작하기 전에 도착해야 하니 당장 빨리 챙겨달라고 한다. 보통 학원에서 온 손님의 경우 급한 책들은 미리 따로 챙겨달라고 서점 휴대폰으로 문자를 남기고 전화 통화 후 방문한다. 이 남성분은 아무래도 사전 연락 없이 곧바로 찾아온 모양이었다. 바로 그때였다.

"저기요! 내가 먼저 왔어요! 나도 시간 없으니 내 거 먼저 찾아주세요."

조금 전 단답형으로 말하던 여성분의 큰 목소리가 들렸다. 나는 나중에 온 남성분께 잠시만 기다려 달라고 부탁하고 먼저 온 여성분이 찾는 교재를 다시 여쭤보았다. 어느 출판사의 특정 교재였다. 이 교재를 찾으러 직원용 컴퓨터가 있는 위치에서 서점의 중심 공간에 H자형으로 커다랗게 서 있는, 양쪽 모두 책을 꽂게 되어 있는 책장으로 뛰어갔다. 늘 어선 책장 중 네 번째 장에 가서 확인해 보니 하필 책이 다 빠져 정확히 그 책만 비어 있었다. 얼른 직원용 업무 책상 바로 옆에 있는 작은 A 창고에 달려가 찾아보았지만 역시나 없었다.

이 책의 여분은 현재 위치에서 대략 80미터 정도 떨어져 있는 서점 반대편 맨 끝, B 창고에 보관 중이었다. 나는 다시 먼저 온 여성분께 양해를 구했다. 찾으시는 책이 저쪽 끝에 있는 창고에 있으니 여기 남성분 먼저 챙겨 드리고 금방 찾아서 드리겠다고, 잠시만 기다려 달라고 말씀드렸다. 말이 떨어짐과 동시에 나는 남성분이 내민 쪽지를 들고서 서가 사이를 광속으로 누비며 책을 찾아 챙기기 시작했다. 참고서 서가에는 보통 한 교재 당 서너 권 정도가 꽂혀 있고 나머지는 창고에 보관하고 있다. 나는 서가와 창고를 이리저리 뛰어다니며 분주하게 책을 챙겼다. 그 모습을 지켜보면서도 먼저 오신 여성분은 "나도 급해요. 빨리 가야 해요."라며 불만을 토로하셨고 나는 거듭 "죄송합니다. 잠시만요."를 남발할 수밖에 없었다. 원숭이띠인 나는 할 수만 있다면 손오

공처럼 분신술을 쓰고 싶었다.

드디어 모든 책이 준비되어 결제하려는 순간, 남성분이 책이 갑자기 변경되었으니 바꿔 달라고 하셨다. 먼저 오신 여성분은 "어머, 이 아저씨! 나도 바빠요!"라며 큰소리를 내셨다. "죄송합니다. 죄송합니다. 금방 처리하고 준비해 드리겠습니다." 이 말 말고는 달리 할 말이 없었다. 나는 다시 가까운 A 창고로 달려가 변경된 책으로 교환한 뒤 결제하려는데 "어머, 이 아저씨 미안하다는 말도 안 하시네."라며 여성분이 또 한 번 큰 소리로 말했다. 나는 최대한 손이 안 보일 정도로 빠르게 결제를 진행했고, 남성분은 만족스러워하며 책을 챙겨 신속히 서점을 빠져나갔다.

나는 숨도 쉬지 않고 곧바로 반대편 B 창고로 전력 질주했다. 마침 여성분이 찾는 책이 곧바로 눈에 들어왔고 열다섯 권짜리 책 묶음을 들고 다시 반대편을 향해 전력 질주를 했다. 기다리고 계셨던 여성분께 책을 건네 드리려는 순간 "아니, 아까 그 아저씨는 나한테 왜 미안하다는 말도 안 하고 그냥 가요?"라고 또 큰 소리로 말씀하셨다. 나는 거듭 죄송하다는 말과 함께 고개를 숙였다.

왜 그때 먼저 오신 분은 자신이 찾는 책을 미리 말씀하지 않으셨을까?

왜 그때 나중에 오신 분은 사전에 연락도 없이 급하게 오셨을까?

왜 그때 먼저 오신 분이 찾는 그 책은 하필 서가에 없었을까?

왜 그때 같이 일하는 동료는 때마침 자리를 비웠을까?

며칠 전 일이 떠올랐다. 그때도 많은 손님이 서점에 있었고 위와 비슷한 일이 있었다. 남성 한 분과 여성 한 분이 찾는 교재가 보이질 않았다. 서가에는 책이 모두 나가고 없었고 서가 옆 가까운 A 창고에도 없어서 전산으로 재고를 확인해 보니 여분이 있었다. 또 하필 80미터 떨어진 저 멀리 있는 B 창고에. 손님 두 분께 양해를 구했다. 이분들은 "바쁘신데 급한 일 먼저 보세요."라며 기다려 주셨다. 이번엔 책을 바로 찾기가 쉽지 않아 15분 정도 더 걸려서 두 분의 책을 챙겨드릴 수 있었다. "많이 기다리셨죠! 늦어서 죄송합니다." 했더니 한 분은 "바쁘신데 감사합니다."라고 하셨다. 나는 "제가 더 감사드립니다."라고 답했다. 서로 간에 작은 배려와 다정함이 담긴 말 한마디가 무거운 책 묶음 덩어리도 번쩍 들어 올릴 힘을 주기도 한다.

사람 사는 곳이 어디든 그렇듯이 서점에서의 일상도 그리 관대하거나 호락호락하지 않다. 삶을 살아온 과정이 다르고 각각 DNA가 다르니, 서로를 바라보는 마음과 느끼는 감정 또한 책 표지만큼이나 모두 각양각색이다. 여러 인연과 우연이 중첩되는 찰나엔 더욱 그럴 것이다. 그 속에서 서로 얽히고설켜 여러 복합적인 일들이 생겨난다. 좋은 일이야 많으면 많을수록 좋겠지만, 본의 아니게 갈등도 적잖게 일어난다. 문제는 이런 일들을 어떻게 받아들이느냐 하는 자신의 마음가짐과 태도이리라.

사소한 일에서 비롯된 감정이 때로는 크고 작은 오해와 사고를 유발하기도 하고, 소중한 사람의 발길을 끊게 만들기도 한다. 또 때로는 삶의 터전인 직장을 잃게 만드는 결과를 초래하기도 한다. 이럴 때 감정적으로 반응하기보다는 아주 잠시만 마음에 쉼표를 찍을 수 있다면 어떨까. 책은 흰 종이 위에 적당한 여백이 있고 문장에도 띄어쓰기와 쉼표가 있어 맥락을 차분하게 제대로 읽을 수 있다. 이처럼 우리도 마음에 책 한두 권 꽂을 수 있을 정도의 작은 틈을 지닐 수 있었으면 좋겠다. 맞고 틀림을 떠나 각자의 다양한 상황과 사정을 읽고 헤아릴 수 있을 만큼의 여백 말이다.

선택엔 책임이 따르기 마련이다. 우리는 그 선택의 순간에 책과 사람 앞에서 스스로 조금은 덜 부끄러운 선택을 할 수 있는 힘을 지니고 있다. 적어도 이곳에 있는 우리는, 조금은 더 나은 사람이 되려고 배우려는 마음으로 책을 찾는 사람들이니까. 이야기에도 끝맺음이 있듯이 모든 일은 돌고 돌아서 결국 자신에게 돌아온다. 나는 내 자리에서 할 수 있는 책임을 다하며 삶의 여정이 흐르는 대로 맡길 뿐이다.

다 너 때문이야

점심시간을 막 지나기 시작하면 서점 안은 학부모 손님들과 학원 강사 손님들로 분주해진다. 학부모 중에서도 비중이 높은 엄마 손님들은 자녀들이 하교하기 전 낮에, 학원 선생님들은 학원 업무가 시작되기 전 출근길에, 서점에 들른다.

과목별로 다양한 교재를 선택하고 일정한 수량을 꾸준히 납품받는 제법 규모가 있는 학원들은 서점으로서는 꽤 중요한 고객이다. 물론 큰 학원도 있지만, 소규모거나 개인이 운영하는 공부방도 있다. 그만큼 학원 손님이 다양하고 많다. 주기적으로 찾아와 여유 있게 자신이 필요한 교재를 살펴보면서 수업을 연구하고 개발하는 손님들도 있고, 필요한 책들을 미리 주문해 놓고 다 준비되었다는 연락을 받으면 그때 들러서 한 번에 챙겨가는 손님들도 있다. 교사용 교재를 구해달라는 부탁을 들어주는 것이 오프라인 서점의 차별화

된 서비스가 되기도 한다.

그렇게 서점이 활기로 채워지고 일손도 바빠지기 시작할 무렵이었다. 키가 훤칠하고 말끔해 보이는 남성이 다급한 분위기를 풍기며 뛰어 들어오다시피 다가왔다. 학원 강사라는 손님은 쪽지를 내밀면서 필요한 교재들을 급하게 챙겨달라고 했다. 그것도 지금 바로 당장에 말이다. 미리 온 손님들도 있고 기다리는 분들도 계시는데 그는 그런 건 안중에도 없는 듯 행동했다. 나는 일단 앞서 하고 있던 업무를 최대한 서둘러 처리한 후 서가를 누비며 그 쪽지에 적힌 책을 챙겨서 건넸다. 그는 더 빨리 달라고 다그치더니 준비된 교재를 낚아채듯이 받아서는 서점을 뛰쳐나갔다. 그렇게 바쁘면 미리 전화나 문자로 부탁해 놓으면 될 텐데 왜 이렇게 황급하리만치 서두는 것일까.

얼마 후 그가 다시 나타났다. 이번에도 최대한 빨리 교재를 챙겨달라고 한다. 나는 몹시도 궁금해 이렇게 급한 까닭이 학원에 늦어서인지 물었다. 그가 원망스러운 눈빛으로 흥분하며 말한다.

"지난번에 늦게 챙겨줘서 주차위반 딱지 떼였잖아요! 이번에도 딱지 끊기면 대신 내주실 거예요?"

"예?"

이 무슨 어처구니없는 말인지. 서점이 입주해 있는 건물의 절반이 주차장인데 주차위반이라니. 게다가 그게 나 때문이라니 정말 어이가 없었다.

"아니, 차를 어디에 세워 두셨기에 딱지를 떼이셨어요?"

그는 여전히 '다 너 때문이야'라는 듯 강렬한 눈빛을 쏘며 건물 앞 대로변에 세워 두었다고 말했다. 나는 기가 막히다 못해 말문이 막혔다. 그가 말하는 대로변은 서점 앞 큰길을 말한다. 큰길에서 서점까지는 통로가 바로 연결되어 있어서 뛰어 올라오면 정말 1분도 안 되어 서점에 들어올 수 있다. 그는 그 대로변에 주차한 것이다. 마침 그 시간은 구청에서 주정차위반을 단속하는 시간이기도 하다. 아차, 하면 찍히는 것이다. 아마도 지난번에 단속에 걸린 모양이었다.

링 위에 오르기 전까지는 누구나 그럴싸한 계획이 있다고 미국의 유명 권투선수인 타이슨이 말했다던가. 누구나 계획은 있다. 이 손님도 마찬가지였을 것이다. 대로변에 차를 세우고 1분 만에 서점에 뛰어 들어와서 바로 책을 받아 다시 1분 안에 뛰어 내려가면 될 것이라고. 세상 만물이 자신을 돕듯이 순조롭게. 그러나 예상은 언제나 보란 듯이 빗나가기 마련이다. 현실에서는 변수가 너무 많으니 말이다. 심지어 보아하니 수학을 가르치시는 것 같은데···.

그는 주차장까지 올라가서 주차하고 엘리베이터를 타고 오르락내리락해야 하는, 길어야 고작 20분 정도의 시간이 귀찮고 아까워서 불법 주차를 선택한 것이다. 텅텅 비어 있는 주차장을 놔두고서 말이다. 맞다. 시간이 돈이다. 그는 자신의 선택으로 20분 대신 비싼 값을 치른 셈이다.

그런데 그렇게 값비싼 수업료를 지불했으면 자신의 습관을 바꿔야겠다는 교훈을 얻어야 하지 않을까. 모두를 자신에게 맞춰 바꾸기는 힘든 일이다. 그의 계획대로라면 서점 직원들은 그가 오기만을 기다렸다가 미리 알려주지도 않은 책들을 알아서 빠르게 준비하고 한 치의 오차도 없이 신속하고 정확하게 전달해야 한다. 그리고 주정차단속 공무원들은 그를 위해서 아주 느리게 점심을 먹고 아주 느긋하게 단속을 돌면서 최소한 그가 떠날 때까지는 서점 근처에는 나타나지 않아야 한다. 이 모든 것이 10분 안에 틀림없이 이뤄져야 한다. 절묘하기 그지없다. 아무래도 불가능해 보이는 그의 계획에는 신의 도움이 간절히 필요하다. 그러나 이 계획이 틀어지면 '다 너 때문'이 된다. 기가 막힐 노릇이다.

그래, 그럴 수 있다. 사람이니까. 사람이 어디 한 가지 모습만 가지고 있겠나. 나는 성급한 일반화의 오류는 경계하고 싶다. 다만 그 손님이 학생을 가르치는 학원 강사라는 점은 심히 걱정된다. 그런 태도로 무엇을 어떻게 가르치고 전달할지 몹시 우려스러울 따름이다. 그렇게 '빨리빨리'만을 외치다가는 당신도 당신보다 더 빠르고 정확한 AI 학습지에 대체될 수도 있다는 사실을 기억했으면 좋겠다.

책은 햄버거가 아니다. 서점은 드라이브스루Drive-through, DT가 가능한 패스트푸드점이 아니다. 심지어 드라이브스루로 햄버거나 음료를 주문해도 당신이 생각하는 것보다 오래 걸린다. 가장 마지막까지 패스트푸드가 될 수 없는, 되어서도 안 되는 것이 바로 책이다.

단돈 천 원짜리 인연

 한 학생이 한참 동안을 서가 주변에 서성이고 있었다. 특별히 찾는 책이 있느냐고 물으니 낯을 가리는 듯 조금 망설이다가 고등학교 2학년 1학기 수학 교재를 찾고 있다고 했다. 지금은 2학기인데 1학기 교재를 찾는다면 아마도 선행 학습을 하는 모양이었다. 책을 찾아주니 학생은 고맙다는 말과 함께 교재를 들고 카운터로 향했다.

 잠시 후 학생이 교재를 그대로 들고 다시 서가에 나타났다. 무슨 일이냐고 물으니 깜빡하고서 카드를 놓고 왔다고 한다. 지금은 현금이 만 원밖에 없어서 한 권을 사기에도 돈이 모자란다고, 그래서 그냥 나중에 다시 오겠다고 말했다. 잠시 확인해 보자고 말한 후 우선 학생에게서 책을 넘겨받았다. 전산에 바코드를 찍어보니 천백 원만 더 있으면 학생이 책값을 계산할 수 있겠다 싶었다. 복합 결제도 할 수 있으니 일부는 계좌 이체를 해도 된다고, 부모님께 연락을 한번

해 보라고 알려 주었다. 학생은 부모님이 두 분 다 지금 근무 중이셔서 곤란할 것 같다고 했다.

이미 서점에 오는 데 시간을 많이 들였을 텐데 단돈 천 원이 없어서 여기까지 와서도 책을 한 권도 못 사고 그냥 돌아가야 한다니 조금 안타까운 마음이 들었다. 나는 학생에게 "잠시만요."라고 말한 후 휴대폰 케이스 안에 비상용으로 꼬깃꼬깃 접어 넣어둔 천 원짜리 지폐를 꺼냈다. 그리고 그 지폐를 고이고이 펴서 학생에게 아주 조심스럽게 건네며 오늘은 우선 이걸로 책을 사는 게 어떻겠냐고 물었다. 옆집 이모가 열심히 공부하는 이웃집 조카에게 삼각김밥 사줬다고 생각하고 잊어버려도 되고, 어차피 나는 여기에서 일하고 있어서 언제든 나중에 들러서 갚아도 되니 전혀 부담 갖지 않아도 된다고 말해주었다. 그리고 나머지 백 원은 포인트로 결재해도 충분하다고 귀띔했다. 더불어 막내 이모 미소를 함께 건냈다. 괜찮아. 아주 자연스러웠어. 다행히 학생은 정말 그렇게 해도 되냐며 감사하다는 인사와 함께 빈손이 아닌 책을 들고 돌아갔다.

그러고 보니 만 원으로 책 한 권을 사기가 어렵구나, 생각했다. 다른 책도 아니고 아직 갈 길이 먼 학생들이 매일 공부하는 책인데도 그 값이 꽤 묵직하다. 게다가 한 권도 아니고 학기마다 과목마다 종류별로 많기도 하다. 계속 반복해서 풀어야 하는데 말이다.

어느새 마감 시간을 얼마 남겨두지 않았을 때쯤 편안한 옷차림의 학생이 서점으로 들어섰다. 그 학생이 잠시 머뭇거리더니 말을 꺼냈다.

"저…, 아까 그 천 원이요…."

학생이 천 원을 내밀었다.

"아! 아까 그 학생이군요!"

나는 깜짝 놀라 말했다. 팬데믹으로 마스크를 착용하고 있었고 교복 차림이었던 처음 모습과 달리 평상복이라 학생을 바로 알아보질 못했다.

"아니, 다음에 와도 되는데. 뭐 하러 일부러 이 늦은 시간에 다시 왔어요. 괜찮은데…. 고마워요."

"그냥 받으면 안 될 것 같아서요. 낮에는 감사했습니다."

학생은 그렇게 인사를 남기고 서점을 빠져나갔다. 이번엔 내 손에 천 원짜리 지폐가 쥐어졌다.

그 순간 어떤 드라마 한 편이 떠올랐다. 단돈 천 원 정도의 버스비로 시작된 작은 도움이 돌고 돌아 큰 인연으로 맺어지는 에피소드였다. 벌써 10년도 더 되었을까? 남편과 함께 나란히 즐겨보던 시트콤이 있었다. 〈청담동 살아요〉라는 제목으로 국민 배우 김혜자 님을 비롯해 맛깔스럽게 연기를 잘하는 여러 배우가 많이 등장하는 작품이었다. 청담동에 위치한 재개발 직전의 허름한 건물에서 만화방과 하숙집을 하며 더불어 살아가는 혜자네 식구들과 이웃들의 지지리 궁상맞은 삶의 모습들이 생생한 우리들의 이야기 같아서 많이 공감했다. 그 작품을 쓰신 작가님이 바로 〈나의 아저씨〉와 〈나의 해방일지〉로 유명한 박해영 작가라는 사실을 최근에서야 알게 되었다. 이름에서 눈치채셨겠지만 〈또 오해영〉을 쓰신 분이기도 하다. 작품이 참 좋아서 작가가 누구인지 찾아보면 역시나 그분이구나, 하고 겹칠 때가 많다. 사람이 그렇듯이 드라마도 그렇고, 책도 그렇고, 그림책도 그렇다. 우연이 겹치고 쌓여서 인연이 되고, 취향이 되고, 최애가 된다.

그 작품에서처럼 넉넉하지는 않지만 서로 돕고 나누면서 사람이 살만한 세상이었으면 좋겠다. 다음을 기약하지 않고 그저 우연히 내밀고 주고받았던 도움의 손길이 돌고 돌아서 언젠가 꼭 필요한 순간에 또 다른 인연으로 이어지길 바란다.

내가 건넨 천 원이 다시 내게 돌아오지 않아도 정말로 괜찮았다. 대신에 이 학생이 오늘의 순간처럼 나중에라도 다른 곳에서 오늘과 닮은 어떤 순간을 마주쳤을 때 그냥 지나치지 않고 그 기억을 떠올렸으면, 그리고 누군가를 구하는 작은 손길을 내밀 수 있었으면 좋겠다고 생각했다. 되돌려주지 않고 그냥 잊어버렸어도 아무도 몰랐을 단돈 천 원인데, 늦지 않게 꼭 다시 찾아온 학생을 보니 왠지 충분히 그럴 것만 같다. 나는 오늘 서점에서 값은 비록 삼각김밥 한 개 값도 안 되지만, 그 천 원으로 더 기대되는 밝은 미래를 만났다.

서점의 특선 메뉴, 큐레이션

 요즘 여기저기서 오마카세가 유행이라고 한다. 타코야키랑 오코노미야키는 먹어봤는데 이건 뭘까 궁금해서 찾아보았다. 아주 단순하게 이야기하면 정해진 메뉴가 아닌 그날그날의 주방장 특선이라는 뜻이다. 그렇다면 그 오마카세가 서점에도 있다. 바로 책 큐레이션이다.

 서점에 오면 너무나 많은 책이 있다. 도대체 뭘 골라야 할지 모르겠다. 자주 먹어본 사람은 알아서 메뉴를 잘 고르겠지만 그런 경우가 아니라면 괜찮은 책을 고르기란 여간 어려운 일이 아니다. 남들이 좋다고 추천해도 내 입맛이나 취향은 아닐 수도 있다. 나 역시 자주 실패해서 사놓기만 하고 읽지 않은 책이 많다. 이런 시행착오를 그래도 좀 줄여주고 선택의 폭도 좁혀주는 것이 큐레이션이다. 계절의 변화나 특정 이슈를 담은 책을 여러 권 골라 추천해 주니, 이게 바로 서점의 특선 메뉴인 셈이다.

내가 서점에서 일하게 된 계기도 바로 이 큐레이션을 하기 위해서였다. 정말 하고 싶었던 1퍼센트의 창의적인 작업을 위해 반드시 해내야만 하는 99퍼센트의 고강도 업무를 견뎠다. 그러고는 불 꺼진 깊은 밤 서점에 남아 마치 우렁각시처럼 큐레이션 작업을 했다. 좋아하는 일은 시간도 고단함도 잊게 만든다. 몰입의 힘이다.

나는 문장을 수집한다. 그래서인지 단어와 문장을 뽑고 카피를 짓는 작업을 좋아한다. 한번은 '여름'이라는 주제가 주어진 적이 있다. 나는 단어를 한참을 궁굴려 '벌써, 여기에 다다름!'이라는 문구를 뽑아냈다. 우렁각시가 아니라 아무래도 시를 뽑는 누에고치였나 보다. 문구만 중요한 게 아니다. 속을 채우는 내용이 더 중요하다. 그러려면 책을 알아야 한다. 감히 책을 안다고는 말할 수 없지만 책을 몹시 좋아한다. 모든 책을 다 읽거나 알 수는 없어도 조금만 정을 붙여 시간을 들이면 어떤 책인지 어느 정도 감을 잡을 수는 있다. 검색만 해도 재료와 정보는 넘친다. 그걸 자신만의 레시피로 잘 요리해야 한다. 자신이 없고 이렇다 할 감이 잘 오지 않으면 메뉴에 넣으면 안 된다.

늦은 밤까지 서점 안을 누비며 주제와 어울리는 책을 찾고 거기에 맞는 분위기도 연출했다. 음식도 보기 좋게 플레이팅하는 것이 중요하듯이 말이다. 여름이라는 주제에 걸맞게 시원한 바다색을 바탕색으로 꾸미고 책이 도드라져 보이도록 전시했다. 과연 맛있게 됐을까?

하루는 어느 작은 도서관 사서분이 지나가다가 내가 지어 놓은 큐레이션 카피를 보시고 혹시 같은 걸 인쇄해 줄 수 있느냐는 부탁을 받았다. 이만하면 성공인 셈이다. 계절과 마침 잘 맞아떨어진 덕분에 안녕달 작가의 사랑스러운 그림책인 《수박 수영장》이 제법 팔리기도 했다.

그리고 이 큐레이션에는 특별히 엄선해서 넣은 작품도 있었다. 하수정 작가의 《파도는 나에게》라는 그림책이었다. 특수 재질의 종이들을 겹겹이 쌓아서 책을 열면 정말로 파도가 펼쳐지는 그림책이다. 조개껍데기 엽서도 들어있다. 내지가 독특한 책이다 보니 이수지 작가의 그림책들과 마찬가지로 처음부터 비닐로 래핑 되어 나왔다. 그럼 어떻게 해야 하나. 사야지, 내가! 내가 사서 뜯어야지 별수 있나. 안 그럼 이 좋은 걸 보여줄 수가 없는데. 내가 큐레이션 한 책은 무조건 한 권은 산다는 두 번째 철칙이 이때 생겼다. 래핑 된 책은 '가까이하기엔 너무 먼 당신' 같은 느낌이라 늘 아쉽움이 없잖아 있다.

　나의 두 번째 큐레이션은 '나이 듦'에 관한 주제로 시니어를 위한 특선 메뉴였다. 모두가 한 번쯤 함께 생각해 봤으면 하는 마음에 '함께 읽으며 더불어 익어가는 삶'으로 카피를 뽑았다. '읽다'와 '익다'를 라임으로 맞춰 함께 담고 싶었다. 이번엔 백화만발에서 나온 시니어 그림책 시리즈와 76세에 그림을 그리기 시작했다는 모지스 할머니의 《인생에서 너무 늦은 때란 없습니다》라는 책을 넣었다. 나는 이 책을 그림을 좋아하는 친구로부터 선물 받고서 알게 되었다. 지나가시던 손님이 마침 모지스 할머니를 알아봤다. 어찌나 반갑던지 너무 좋지 않냐고 잠시 이야기를 나누었다. 단 몇 분 마음을 나눈 덕분에 손님은 그 책을 사 가셨다. 나는 좋은 책에 대한 답례로 시니어 그림책 시리즈 중 《풋감으로 쓴 시》를 사서 친구에게 선물했다. 주거니 받거니 서로에게 좋은 책을 선물하는 일은 언제나 흐뭇하다. 그 책을 고르는 친구의 됨됨이도 보이고 나에 대한 친구의 마음도 보이니까.

　어쩌면 내가 그렇게 하고 싶었던 큐레이션보다 더 좋아하고 나를 더욱 충만하게 하는 건 결국, 책으로 연결되는 사람과 사람 사이의 이야기이다. 내가 진정 정말로 하고 싶었던 건 '무엇을 도와드릴까요?'라고 쓰인 띠를 어깨에 두르고 서라도 서가 주변과 손님들 사이를 거니는 일이었다. 물론 하고 싶은 일을 하려면 먼저 처리해야 하는 다른 일이 산더미처럼 쌓여있지만 말이다.

가을은 독서의 계절. 이 말 모르면 간첩이다. 그러나 당신은 속고 있는 걸지도 모른다. 이 말은 바로 출판계가 마케팅을 위해 만든 최고의 카피 중 하나다. 가을은 출판계의 비수기이다. 아무리 수려한 문장도 단풍을 이길 수는 없다. 하늘 좋고 바람 좋고 빛깔 좋은 계절에 백화점도 아닌 창문도 없는 서점에, 평소에도 잘 읽지도 않는 책을 보려고 굳이 누가 찾아오겠는가. 아무리 책을 좋아하는 사람이라도 이때만큼은 밖으로 나가고 싶어지기 마련이다. 나부터도 그렇다. 그 발길들을 돌리고 붙잡기 위해 출판 행사나 프로그램이 가장 많은 계절이 바로 가을이다.

10월의 끝자락, 가을 이벤트로 지역의 인지도 있는 도서관과 함께하는 '큐레이션 버스킹'이 있었다. 선임 사서님과 아이디어 회의를 하고 주제와 방향도 잡다가 바로 여기서 처음 '서점에 다니는 사람들'이라는 카피를 꺼내게 되었다.

서점에서 일하면서 그동안 만나온 모든 사람의 이야기, 제각각의 사연이 내게는 빛나는 보석 같았다. 화석처럼 박제되어 어딘가에 모셔놓기만 하는 고매한 지식이나 어렵고 값비싼 예술이 아니라, 누구라도 가까이에서 함께 누리고 나눌 수 있는 하나의 지역 문화로서 의미가 있다는 사실을 전하고 싶었다. 모두가 입을 모아 출판계의 위기, 종이책의 위기, 오프라인 서점의 위기를 말하는 시대에 굳이 기꺼이 직접 두 발로 걸어서 서점에 다니는 사람들, 바로 우리 모두의 이야기를 말이다.

이심전심이라고 도서관 측에서 그 뜻을 너무나 반갑게 이해하고 기꺼이 채택해 주셨다. 모두가 함께한 최고의 협업이었고, 이것으로 내 할 일은 다 했다고 느껴졌다. 오래도록 잊지 못할 정말 특별하고 멋진 경험이 되었다. 나는 그저 이 일을 사랑했을 뿐 제대로 배워본 적도 전공을 하거나 학위를 받은 적도 없다. 그런 내게 함께 할 기회를 주셔서 참으로 영광이었다.

어쩌면 디지털 미디어가 범람하는 시대에 '읽는' 행위 자체가 위기일지도 모르겠다. 그런데도 여전히 책을 사고, 책을 읽는 당신이 바로 종이책 수호자이다. 덕분에 아직 서점이 살아 있다. 책과 사람, 서점이라는 공간은 함께 성장하는 살아있는 유기체다.

> 知之者 不如好之者 好之者 不如樂之者
> (지지자 불여호지자 호지자 불여락지자)
> 아는 사람은 좋아하는 사람에 못 미치고
> 좋아하는 사람은 즐기는 사람에 못 미친다.
>
> ◦《논어》, 공자

바코드의 비밀

　서점 안에는 아무도 모르는 공장이 하나 있다. 가내수공업이 아닌 서점내수공업이다. 일명 마크 팀이다. VIP를 경호하는 그런 마크는 아닌데, 책을 마크하긴 한다. 하긴, 우리에겐 책이 VIP지. 아, VIB라고 써야 하나.

　사전을 검색해 보니 'MARC Machine Readable Cataloging'라고 나온다. 기록학 용어사전에 포함된다. 이런 게 있는 줄도 몰랐다. 색다른 신세계를 만났다. 물론, 앞으로 계속 몰라도 사는 데는 전혀 지장이 없다. 하지만 도서관에서 책을 자주 빌려 읽는 이들에게는 작은 호기심을 충족시켜 줄 수 있을지도 모르겠다.

　마크 작업에 대해 말하기 전에 먼저 필수적으로 알아야 하는 숫자가 있다. 글을 쓰는 사람이라면 한 번쯤 가지고 싶어 하는 13자리의 주책등록번호다. 우리가 로또보다도 더 간절히 바라는 바로 그 꿈의 숫자가 ISBN International Standard

Book Number, 국제 표준 도서 번호다. 책 뒷면에 바코드와 나란히 적혀 있다. 그냥 리더기로 바코드를 찍으면 되니 보통은 자세히 볼 일도 외울 일도 없다. 하지만 국립중앙도서관에 책적冊籍을 남기는 게 목표라면 알아 두는 것도 나쁘지 않을 것 같다.

서점의 모든 업무는 이 ISBN 바코드로 이루어진다. 바코드를 개발하신 분께 새삼 감사드리고 싶다. 바코드 리더기가 없던 이전에는 어떻게 일했을까. 나 스무 살 적에 편의점이 나오기 전, 동네 슈퍼마켓에서 아르바이트할 때는 실제로 가격을 외워가면서 일했다. 물론 라벨기로 가격을 찍어 붙이기도 했지만, 냉장고에 들어가는 술과 음료처럼 소비자 가격이 적혀있지 않은 상품은 순전히 암기해야 하는 영역이었다. 여전히 외워가며 일하는 곳이 남아있다면 아마도 빵집이려나. 바코드 없는 빵의 모양과 이름을 다 외워야 하니까.

지금은 기술이 발달해서 명세서에 찍힌 바코드만 읽어내도 상자 하나에 든 책이 다 업로드되는 상품들도 있어 입고 처리가 제법 수월해졌다. 한 상자당 보통 스무 권 안팎이 들어있는데 책을 일일이 찍지 않아도 된다. 그런 상자가 한 곳에서만 매일 열 상자가 넘게 들어온다. 물론 바코드만 찍는 경우에도 수량과 책 실물은 반드시 검수한다. 책이 파손되거나 밑줄이 그어져 있거나 포스트잇이 붙은 반품 도서가 섞여 들어올 때도 있기 때문이다. 게다가 여전히 묶여 있는 밴딩 끈을 자르고 상자를 뜯어 사람 손으로 한 권 한 권 목록을 확인하며 작업해야 하는 책들이 더 많다.

다행인 건 외우지 않아도 되고 책을 전혀 몰라도 된다는 점이다. 편의점에서 물건을 살 때도 그냥 바코드만 찍으면 되듯이 서점에서 책을 살 때도 역시 바코드만 찍으면 된다. 아무리 오래 일해도 관심이 없으면 어떤 책인지 제목을 볼 일도 금액을 외울 일도 없다. 그저 기계처럼 반사적으로 계산만 하면 될 일이다.

우리가 흔히 부르는 일반 대중 도서, 즉 단행본의 매출에서 도서관이 구매하는 책들이 꽤 큰 비중을 차지한다. 독자가 서점에서 새 책을 빌리면 그 도서를 도서관이 구매해 주는 희망도서 바로대출 서비스를 포함해 학교 도서관이나 일반 공공 도서관, 작은도서관들도 서점을 통해 책을 요청한다. 도서관에서 견적을 요청하면 몇백 권의 도서 목록에 기본적인 편목 작업에 해당하는 마크 작업이 추가되어 최종 납품된다. 서점의 외부 영업과 납품의 세계이다. 우리가 낸 세금으로 도서관이 서점에서 책을 산다. 당신이 책을 읽지 않아도 덕분에 다른 사람이 도서관에서 책을 빌려 읽을 수 있으니 자신도 모르는 사이에 종이책 수호자가 되는 셈이다. 이 사실을 알았으니 이참에 납세자의 권리를 톡톡히 누려보는 건 어떨까.

이 마크 작업에는 컴퓨터 전산 시스템에 등록하는 전문 프로그램 작업과 함께 우리가 흔히 도서관에서 책을 빌릴 때 찍는 바코드 라벨을 붙이는 수작업이 포함되며 주로 외주에 맡기는 경우가 많다. 도서관 책장에 가지런히 꽂힌 책 등에 붙은 분류 번호와 저자 기호, 책 앞면에 붙은 등록번호와 바코드의 스티커 작업은 모두 하나하나 사람 손으로 이루어진다.

살짝 더 자세히 알아보면 마크 프로그램의 전산화 작업에 관해 살펴볼 수 있다. 여기서도 역시 ISBN 바코드가 한몫을 제대로 한다. 한 권 한 권의 바코드 속에는 책에 관한 기본적인 정보가 들어 있어 바코드를 찍으면 이 정보를 모두 불러올 수 있다. 이 기본적인 정보를 서지 정보라고 한다. 서지 정보를 컴퓨터가 인식할 수 있는 형식으로 변환해 일정한 태그에 정확한 정보가 배열되도록 하는 것이 MARC 프로그램 작업이다. 그러니까 스티커를 가지런히 예쁘게 붙이는 작업도 중요하지만, 그전에 도서관 전산에 책 정보가 정확하게 등록될 수 있게 하는 작업이 선행되어야 한다.

그리고 진짜 복잡한 일은 이제부터 시작이다. 책등에 붙은 암호처럼 생긴 고유 코드를 청구 기호라고 한다. 이 청구 기호는 보통 별치 기호, 분류 기호와 저자 기호로 이뤄진다. 그 외 시리즈는 권차 기호, 같은 책이 여러 권인 경우에는 복본 기호 등 특이사항이 있는 경우 부차적 기호가 추가되기도 한다.

서지 정보를 모두 등록한 후에는 각 학교나 도서관별로 요구하는 스타일과 규칙을 지켜서 정확한 형식으로 만들어야 한다. 스티커의 위치나 바코드 글씨체와 크기, 여백 등 납품을 받는 곳마다 요청해 오는 취향이 각양각색이다. 도서관 모두가 동일한 단 한 가지는 책의 대분류를 나누는 한국십진분류표 뿐이다. 000번 총류로 시작해 철학, 종교, 사회과학, 자연과학, 기술과학, 예술, 언어, 문학, 그리고 마지막으로 900번 역사로 끝난다. 그중에서도 내가 가장 사랑하는 번호는 800번이다.

아무리 보고 또 봐도 눈이 핑핑 돌아간다. 작업을 하면서 복기하고 복기해 봐도 컴퓨터의 언어를 이해하기란 쉽지 않았다. 보면 볼수록 알면 알수록 더 어렵다. 그러나 다행인 건 곁에 두고 언제든 찾아볼 수 있게 이를 위한 책과 사전이 나와 있다는 점이다. 책을 위한 책인 셈이다. 과연 이런 책이 있을까 싶어 찾아보면 없는 책이 없다. 그것이 책의 세상이고, 책을 만드는 인간은 그래서 위대하다.

다시 한번 말하지만, 아는 사람만 아는 서점 내 창고 한구석에서 이루어지는 작업이니 몰라도 전혀 상관없다. 다만 도서관에서 책을 빌릴 때 이 책에 닿았을 누군가의 수고로움을 한 번쯤 떠올려준다면 좋겠다.

서점의 문턱

"베르나르 베르베르 새로 나온 책 뭐 있나요?"

조금 한가해진 평일 오후 한 통의 전화를 받았다. 베르베르의 엄청난 팬이시구나, 첫마디에서 느껴졌다. 나는《타나토노트》를 재미있게 읽었는데 이분은 어떠셨을까. 나는 전화로 전해지는 목소리에서 한 가지 사실을 더 알아챌 수 있었다. 아마도 이 손님은 뇌성마비 장애가 있으신 듯했다. 하시는 말을 명확하게 알아들으려면 집중력이 조금 더 필요했다. 그러나 발음 이외에는 의사소통에 아무런 문제가 없었다. 나는 한 쪽 귀에 수화기를 댄 채로 잠시만 기다려 달라고 말씀드린 후 재빠르게 알라딘 홈페이지에 들어가 베르베르의 책을 최신순으로 검색했다. 그와 동시에 서점의 입출고를 한 번 더 확인한 후《제3인류》와《신》이 인기가 많다고 알려드렸다.《개미》는 이미 읽으셨을 것 같았다. 베르베르는 그 명성에 걸맞게 외국 소설 서가에 자기 자리를 확실하게 차지하고 있었고 최근 책도 베스트셀러 서가에 수시로 채워지고 있었다.

"이번 주말에 들를게요."

통화를 마친 후 나는 잠시 숨을 고른 후 그대로 가만히 멈춰 있었다. 처음이었다. 그 전화를 받기 전까지 생각조차 해본 적이 없었다. 몸이 불편하신 분도 휠체어를 타고서라도 서점에 오고 싶은 마음은 우리와 마찬가지로 자연스럽고 당연한 건데 본 적도 없고 떠올려 본 적도 없었다니 이토록 단편적인 내 모습에 새삼 실망스러웠다.

나는 얼른 다시 정신을 차린 후 그분이 우리 서점까지 찾아 올 동선을 머릿속으로 그려보았다. 다행히 주차장에서 서점까지는 바로 엘리베이터로 연결되어 있다. 사실 보통의 우리들 같으면 그냥 오고 싶을 때 아무 때나 들르면 될 일이었다. 그런데 굳이 전화로 한 번 묻고 주말에 들르겠다고 미리 알려주신 건 오히려 서점에 대한 그분의 배려였을지도 모를 일이다. 그나저나 주말에 나는 근무를 안 하는데 어떡하지. 일단 다른 동료들에게 이 사실을 미리 알려 두었다. 베르베르 팬이시라고 하니 아주 가끔 오시는 손님이라고 알고 있는 직원이 있었다.

그 손님은 무사히 잘 다녀가셨을까? 서점 여기저기를 충분히 누비시며 책을 즐기다 가셨을까? 직접 뵙지는 못했지만 전화를 받은 후 나는 늘 보아오던 책장이 이전과는 달리 보였다. 가장 우려되는 건 통로의 폭과 서가의 높이였다. 휠체어가 지나다니기에 통로가 넉넉한지 확신할 수 없었다. 벽에 붙어 있는 책장의 서가는 역시나 너무 높았다. 휠체어에 앉은 채로는 매대 위도 겨우 보일 만큼 낮은 높이가 아니었다. 도서를 검색할 수 있는 컴퓨터 역시 선 자세로 사용하게 되어 있어 그날따라 유난히 높아 보였다. 그분 덕분에 비로소 나는 내가 그동안 보지 못했던 곳으로 시선을 옮겨 세상을 보는 창을 한 뼘 더 확장할 수 있었다. 그래서 다른 사람이 필요하다. 우리 서로에게 모두.

그 후, 휠체어를 타신 여성 손님을 뵌 적이 있다. 그분은 주로 베스트셀러 매대와 예술·디자인 서가를 중심으로 둘러보고 계셨다. 나는 책을 꽂고 정리하면서 자연스럽게 그분 곁으로 다가가 혹시 특별히 찾으시는 책이 있으면 편하게 말씀해 달라고 가볍게 넌지시 한 마디를 건넸다. 돕고 싶은 마음이 넘친다고 무작정 다가가서 돕는 게 반드시 좋은 것은 아니라고 알고 있다. 그 또한 일방적인 착각이나 무례함이 될 수도 있다. 먼저 도움이 필요한지를 묻고, 도움을 요청해 오는 경우에만 다가가서 돕는 것이 배려라고 했다. 보자기처럼 펄럭이는 나의 이 오지랖을 단속하기가 이토록 힘들다.

그분께서는 내게 혹시 민화와 관련된 책이 있으면 좀 찾아줄 수 있느냐고 부탁하셨다. 아, 그림을 그리시나 보다. 그래서 예술·디자인 서가 주변을 서성거리셨구나. 그런데 나는 그분의 부탁이 왜 이렇게 기쁜 걸까. 우선 그 손님이 테이블 한쪽에 자리를 잡으실 수 있도록 안내해 드린 후 몇 권을 찾아서 가져다드렸다. 최근에 문화센터 같은 곳에서 민화를 많이 배운다고는 하는데, 그래도 민화와 관련된 책이 그렇게 많지는 않았다.

휠체어를 타든 안 타든 우리는 모두 서점에 들러 여기저기를 누비며 좋아하는 작가를 만나고 좋은 책을 발견하는 재미를 충분히 맛보고 싶다. 하지만 서점에 다니고픈 마음은 같아도 그 문턱의 높이까지 모두에게 같지는 않다는 현실을 손님들을 통해서 또 배웠다. 직접 겪어보기 전에는 결코 안다고 말할 수 없는 일이다.

서가에도 프라이드가 있지

 은행은 셔터를 내린 후에 더 바쁘고 도서관은 휴관일에 더 바쁘다고 한다. 그래도 이들은 쉬는 날이라도 있다. 서점은 365일 내내 고요하게 바쁘다. 영업시간도 길고 주말에는 더 붐빈다. 명절을 제외하면 거의 문 닫는 날도 없다고 봐야 한다. 그리고 월요일부터 금요일까지 평일 내내 정말 수많은 책이 쏟아져 들어온다. 입고 업무만 해도 버거워 허덕이는 것이 사실이다. 그 입고를 받아내고 감당하려면 그만큼의 책이 들어갈 자리를 만들어야 하고 그러려면 또 그만큼을 비워내면서 주기적으로 서가를 정비해 책들이 순환할 수 있도록 해야 한다. 책이 골고루 많이 팔려서 저절로 순환된다면야 정말 기쁘겠지만 말이다.

 우리가 흔히 크고 두꺼운 책을 '벽돌 책'이라고 부르듯 책은 실제로도 무겁다. 쌓이면 더 무겁다. 어마어마한 책과 책장의 규모와 무게를 생각하면 가끔 한 번씩 건물이 무너지지는 않을지 진심으로 무섭기도 했다. 서점이 보통 1층이나 지하에 있는 이유에는 분명 무게가 한몫할 것이다. 그래서 서점에서 일하는 직원들은 무릎이나 어깨, 허리는 물론이고 손목과 손가락 관절들이 남아나지 않는다. 그래도 무겁다는 이유로 서가를 정리하는 걸 미룰 수는 없으니, 정말이지 서점 일은 만만찮다.

아무리 좋아한다 해도 모든 책을 다 읽을 수 없듯이 서가에도 모든 책을 다 꽂아 둘 수는 없다. 지속적인 정리가 꼭 필요하다. 서가를 정비할 때는 기본적으로 입출고 동향과 판매량을 바탕으로 하는 정확한 데이터를 참고하는 것이 당연하다. 하지만 데이터만으로는 부족하다. 서가에 남기고 살려야 하는 책과 반대로 안타깝지만 어쩔 수 없이 과감히 비워낼 책을 각자 나름대로 선별하는 능력도 있어야 한다. 그래서 나는 사정이 허락하는 한 끝까지 책은 직접 꽂으려고 노력했다. 책을 보는 눈도 길러야 하고 손끝에 '도가 터서' 손님들이 찾는 책을 눈감고도 찾을 수 있는, 서가 위치를 내비게이션 보듯 알려드릴 수 있는 초능력을 유지하기 위해서도 그렇다.

하루는 다른 직원에게 기존에 있던 《월든》 서가가 의미가 없으니 한 권 정도만 남기고 자리를 없애겠다는 말을 들었다. 《월든》 자리가 없는 서점이라니. 너무 놀라고 당황스러웠다. 아무도 알아주지 않아도 종이책을 지키는 한 사람으로서 나의 자긍심이 허락하지 않았다. 가만두고 볼 수 없었다. 나는 어느 때보다도 적극적으로 《월든》은 많은 이들이 손꼽는 에세이 바이블이자 미국 문학사에서 빼놓을 수 없는 걸작이니 팔리든 안 팔리든 있어야 한다고 강하게 어필했다. 우선은 빼두었다가 내가 맡아서 적당한 자리를 만들어 옮겨 두겠다고 했다.

헨리 데이비드 소로의 《월든》과 타샤 튜더의 책, 스콧 니어링, 헬렌 니어링의 책을 한데 모아 생태와 관련된 자연주의 서가로 자리를 옮기고 이름을 써서 스티커를 붙여 두었다. 그 외에도 소설 서가를 정비하며 《토지》와 《아리랑》, 《태백산맥》을 좀 더 잘 보이는 중앙의 큰 테이블 가까이로 옮겼다. 그 옆에는 작지만 김훈 작가의 자리도 만들어 서점에 있는 책을 모조리 끌어모았다. 마지막으로 인문 서가에는 이어령 선생님의 자리를 만들어 베스트셀러를 제외한 모든 책을 진열해 두었다. 숨바꼭질처럼 책을 찾아 모으는 재미도 쏠쏠했다. 유시민 작가와 나란히 자리를 만들었는데 서가 맨 아래여서 왠지 예의가 아닌 것 같아 내내 마음이 불편했다.

어차피 아무도 신경 쓰지도 않고 알아주지도 않는데 왜 자꾸 번거롭게 일을 만드느냐고 여기는 사람들도 있고, 유별나게 군다며 모난 돌 취급을 당하기도 했지만 나는 굴하지 않았다. 나는 그저 서점을 서점답게, 내 일을 제대로 하고 싶었다. 같은 논리로 어차피 아무도 신경 쓰지 않는다면 꼭 있어야 할 자리는 만들어 놓아도 무방한 것 아닌가. 아무도 몰라준대도 책을 대하는 내 마음가짐과 태도는 나 자신이 안다. 그리고 그 작가를 찾는 독자에게, 그게 설령 단 한 사람이라도 편의와 기쁨을 줄 수도 있지 않은가.

또 다른 날, 소설 서가를 정리하는데 곳곳에서 2022년에 노벨문학상을 수상한 아니 에르노의 책이 발견되었다. 심지어 같은 책인데도 흩어져 따로 꽂혀 있었다. 나는 어김없이 그녀의 모든 책을 끌어모아 소설 베스트셀러 서가 맨 앞, 잘 보이는 곳에 자리를 만들고 재고가 없는 책은 주문도 해 두었다. 아끼는 시집 서가도 틈틈이 조금씩 정비했다. 나는 우리 서점의 맨 첫 번째 서가가 시집으로 시작하는 것이 무척 마음에 들었다. 칸이 부족하면 남자 직원에게 부탁해 함께 목공 작업을 해서 선반을 늘리고, 자리가 없으면 만들었다. 다른 사람 눈에는 안 보여도 마음이 있는 사람에게는 보인다. 초능력은 사랑에서 비롯되는 법이다. 이것이야말로 노력이라 부를 만하다.

 셔터를 내린 후 불 꺼진 서가에 남은 나의 진심을 담은 노력의 결실을 보면서 책에도 혼이 있다면 귀한 마음으로 자신을 어루만져주는 손길을 느끼고 행복했기를 바란다.

오후 세 시, 그림책을 읽어요

　서점에서 일했던 시간에 대해서는 어디까지나 상대적일 수 있으니 비록 길다고는 말할 수 없겠지만, 나에겐 어느 때보다도 깊고 짙은 시간이었다고 하늘을 우러러 한 점 부끄럼 없이 말할 수 있다. 진심이었다. 의심의 여지 없이 참된 마음으로 임하며 온 마음을 다했다. 매 순간이 모두 소중했지만, 그중에서도 가장 기억에 남는 순간을 꼽으라고 한다면 아이들에게 그림책을 읽어준 시간이 단연코 으뜸이었다고 답할 것이다.

　서점에서 지역 도서관과 협업해서 열었던 행사에서 마련한 자리였다. 오후 세 시가 되면 손님이 있든 없든 무조건 서로 돌아가며 그림책 한 권을 읽어주기로 했다. 도서관 사서 선생님들과 서점 직원들이 번갈아 가며 맡았는데, 경험이 많은 사서 분과는 달리 우리 직원들은 사람들 앞에서 소리 내어 책을 읽어본 경험이 거의 없었다. 아무래도 어색하고 낯설어 아무도 선뜻 나서지 않았다. 나 역시 부끄럽고 떨리고 말도 못 하게 심한 울렁증이 일어나 구경만 하고 있었다.

그런데 조금 떨어져서 바라본 그 풍경이 너무 좋았다. 그림책이 있고 아이들 손님이 있었다. 다른 사람들한테는 몰라도 아이들에게는 책을 읽어주고 싶다는 마음이 샘솟았다. 마침 마땅히 읽을 사람이 없어 얼떨결에 내 차례가 되었다. 사람들 앞에 나서는 것은 몹시 두려운 일이지만, 지금 이 순간 내 눈앞에 나란히 앉아 책 읽기를 기다리는 두 명의 어린이 손님만 보였다. 하고 싶다는 마음은 용기가 되었다. 그리고 그 용기가 두려움을 이겼다. 내가 세상을 향해 처음 소리 내어 읽은 그림책은 줄리 폴리아노의《고래가 보고 싶거든》이었다.

서너 번도 채 되지 않는 그 경험이 나에게는 잊을 수 없는 가장 행복한 순간이었음을 지나고 나서야 알았다. 이벤트로 끝나고 말았지만, 그런 프로그램은 계속 있으면 참 좋겠다는 생각이 들었다. 때가 되면 어김없이 찾아오는 라디오 방송처럼 매일매일 좋아하는 책의 한 구절을 골라서 오후 세 시에 '책을 읽어주는 서점'이 되면 참 좋겠다, 싶었다. 꼭 그림책이 아니더라도 때로는 시 한 편을, 때로는 소설이나 에

세이의 한 구절이어도 좋을 것이다. 듣는 손님이 한 명뿐이어도, 없어도 괜찮다. 아무렴 어떤가. 그러다 어느 날엔 아동서가에서 어린이 손님과 둘러앉아 책을 읽게 된다면 더할 나위 없지 않겠는가. 유창하게 잘 읽지는 못하더라도 떨리는 목소리 그대로 진심을 담아서, 사랑을 담아서 읽어주고 싶다.

어쩌다 글벗의 책방에서 아이들에게 그림책을 읽어줄 때도 그랬고, 보육교사 실습을 하는 동안 가끔 아이들을 무릎에 앉히거나 품에 안고 그림책을 읽어줄 때도 그랬다. 온 세상을 다 얻은 것처럼 행복했다. 내가 이 순간을 정말로 사랑하고 있다는 사실을 그때 새삼 깨달았다. 나의 글벗들이 말한다. 누구보다도 이 공간에 가장 잘 어울리는 사람이라고.

읽기의 시작은 듣기라고 한다. 아이는 태어나면서부터 엄마와 눈 맞춤을 하고 엄마의 목소리를 들으며 배운 적이 없어도 자연스레 들려오는 소리에 높낮이를 맞추며 옹알이를 하고 교감하는 법을 터득해 간다. 아이에게 소리 내어 책을 읽어주는 시간 동안 우리는 사랑을 깨우치는 것이다. 책의 내용이나 의미는 아직 다 이해하지 못한다고 해도 그 순간에 사랑받는다는 느낌과 정서는 기억한다. 그 경험을 통해 사람의 마음이 자란다.

우리 뇌에는 브로카 영역과 베르니케 영역이라는 곳이 있다고 아동학 수업에서 배웠다. 브로카 영역은 말을 소리로 만들어내는 기능적인 역할을, 베르니케 영역은 말의 의미를 제대로 이해하고 수용하는 역할을 한다. 실어증의 직접적인 원인이 되는 이 두 영역은 그만큼 언어 발달에 중요한 역할을 담당하고 있다. 그런데 주목할 점은 그 부위가 바로 청각과도 밀접한 관련이 있다는 것이다. 말하는 법을 익히기 위해서는 먼저 들어야 하는 셈이다. 아이가 제대로 된 단어와 말소리를 만들어 내고 의미를 이해하고 표현하는 감각이 발달하기 위해서는 먼저 누군가가 아이에게 충분히 들려주고 두드려주고 일깨워주어야 한다는 의미가 된다. 특히 의미를 해독하고 이해하는 베르니케 영역은 다양한 자극과 상호작용을 통해 열다섯 살 무렵까지도 꾸준히 발달하고 성숙한다고 한다. 여기에 독서만큼 더 좋은 자극이 있을까.

아이에게 그림책 한 권 읽어주기를 어려워하고 귀찮아하면서 아이가 자라서 집중력 있게 공부 잘하기를 바라는 것은 부모의 욕심이다. 부모가 읽는 사람이 아닌데, 아이가 읽는 사람으로 자랄 수는 없다. 어른이 먼저 잘 듣는 사람이 되지 않는 한 아이가 잘 듣고 잘 말하는 사람이 될 수 없다. 아직 늦지 않았다. 제대로 잘 듣는 뇌가 되기 위해서는 읽기와 듣기가 그만큼 중요하다.

나는 오늘도 당신에게 책을 읽어주고 싶다. 사랑을 소리 내어 들려주고 싶다.

말은 하나 글은 두 개

 책장에 꽂힌 모든 책은 거기에 그냥 꽂혀 있는 게 아니다. 누군가 PDA 단말기로 하나하나 바코드를 찍어 서가 번호를 입력한 후에야 서가에 들어갈 수 있다. 그러려면 먼저 이 책이 인문 분야에 속하는지, 과학 혹은 수학 분야인지, 에세이나 소설인지, 소속부터 알고 분류해야 한다. 그게 매일 반복되는 이 업무의 첫 번째 우선순위다.

 책은 위 과정을 거쳐 제목을 기준으로, 또는 출판사를 기준으로, 가끔은 작가를 기준으로 나름의 질서를 가지고 꽂힌다. 간혹 도서를 검색해서 서가 번호를 뽑아서 찾아봐도 그 자리에 책이 없는 때가 있는데, 위아래나 옆 칸처럼 바로 근처에 있으면 다행이지만 전혀 의외의 곳에 꽂혀 있는 경우도 제법 된다. 이런 상황을 예방하려면 책을 꺼낸 후 가능한 그 자리에 그대로 다시 꽂는 것이 최선이지만, 자리가 기억나지 않는다면 읽은 책을 별도로 모아두는 곳에 두는 것이 더 괜찮은 방법이다.

원하는 책을 신속하고 정확하게 찾는 것도 나름의 능력이라면 능력이다. 책등이 표지와는 전혀 다른 카멜레온 같은 책이 의외로 많다. 익숙하지 않은 책이라면 먼저 인터넷에 검색해서 책의 모양과 색깔을 확인한 후 찾는 것도 하나의 팁이 될 수 있다. 손님이 원하는 책을 빨리 찾아주는 것은 내 나름대로 자신 있는 분야이기도 하다. 여럿이서도 못 찾는 책을 금세 찾아내 손님들이 어찌 그리 잘 찾느냐며 감탄한 경우가 종종 있었다. 레오 리오니 작가의《프레드릭》주인공처럼 얼굴을 붉히고 인사하며 나도 안다고 말할 정도는 되는 것 같다.

하지만 이런 능력은 하루아침에 이뤄지지 않는다. 꾸준한 독서 습관이 필요하다. 사실 독서는 책을 펼치기 전부터 이미 시작된다. 이야기를 좋아하고 책을 가까이서 즐기는 분위기에 익숙해지면 직접 책을 탐색하게 된다. 책 고르기에 실패도 해보고 제목과 표지가 자아내는 분위기로 책 내용을 짐작하는 과정을 반복하면서 자기도 모르게 이 능력이 조금씩 생긴다. 책의 내지와 글씨체, 본문의 여백과 같은 작은 요소들이 모두 중요한 단서가 된다. 당신이 어떤 책을 선택했다면 거기엔 이미 자기만의 기준과 통찰력이 작용한 셈이다.

물론 책은 읽어야 효용 가치가 있다. 학자들이 고된 노동이라 칭하는 읽는 일을 정말 열심히, 많이 하는 사람들이 참 많다. 나는 그분들을 진심으로 우러르고 있다. 그들이 아니었다면 읽기의 소멸 속도는 더 빨라졌을 것이다.

하루는 마침 광복절 휴일이었다. 새로운 책장으로 이사 간 책들에 새로운 서가 번호를 등록하고 있던 참이었다. 휴일이라 그런지 가족 단위 손님들이 많이 보였다. 나는 한자와 관련된 서가를 정리하고 있었는데 아이들을 위한 한자 책이 이렇게나 많은 줄 처음 알았다. 급수별 한자능력검정시험 책은 물론이고 유아용 놀이 책까지 각양각색이었다.

급수별로 분류해 책을 꽂고 있는데, 아이들과 함께 온 어떤 엄마 아빠 손님이 아이에게 한자 공부를 시켜야 하느냐 말아야 하느냐로 한참 열띤 토론을 벌이는 모습이 눈에 띄었다. 엄마 손님은 한자를 쓸 줄은 몰라도 읽을 줄은 알아야 한다는 입장이었고, 아빠 손님은 다른 공부도 할 게 많은데 벌써 한자까지 시키느냐는 입장이었다. 아빠 말씀도 일리가 있다. 우리 아이들이 해야 할 게 많기는 하다. 그래도 나는 조용히 엄마 손님의 편을 들어주고 싶었다. 어느 정도 한자를 읽을 수 있어야 기본적인 독해가 수월해지고 글을 읽는 맛도 깊고 풍부해진다. 한글은 물론 독보적이다. 하지만 우리말은 하나여도 사용하는 글자는 두 개인 현실을 어느 정도는 인정해야 한다. 글이란 적절한 어휘 수준을 갖추어야 품격도 갖춰지는 법이다.

요즘 서점에서 가장 눈에 띄는 키워드 중 하나가 바로 문해력이다. TV 토크쇼에서 각 과목의 일타 강사들을 초대해 던진 반드시 공부해야 하는 과목을 단 하나만 꼽으라는 질문에 모두가 입을 모아 국어를 말했다. 길게 설명하지 않아도 그럴만하다는 생각이 절로 든다. 읽기와 쓰기는 인간만이 가지는 능력이다. 인간을 인간답게 하는 필요충분조건이다. 나에게 글은 한 줄기 빛이고, 그날은 마침 광복절 光復節이었다.

요람에서 무덤까지

하루는 젊은 여성 손님이 문제집을 사러 왔다. 학원 강사라고 했다. 주문한 문제집과 함께 미리 요청했던 교사용 교재를 챙겨주면서 이런저런 이야기를 주고받다 보니 놀라운 사실을 알게 되었다.

"저 고등학교 때도 여기 서점에 다녔어요."

고등학교 때 문제집을 사서 풀던 학생이 어느덧 대학까지 졸업하고 지금은 학생을 가르치는 학원 강사가 되어 문제집을 사러 온 것이다. 그사이 결혼도 했다고 한다. 그야말로 서점의 역사를 함께 해 온 산증인이었다.

그렇다면 서점에 찾아오는 가장 어린 손님은 어떤 손님일까. 아장아장 걷는 손님? 유모차에 타고 오는 손님? 틀렸다. 엄마 뱃속에서부터 찾아오는 손님이다. 아기는 엄마가 조곤조곤 책 읽어주는 소리를 들으며 손가락 열 개, 발가락 열 개가 자라날 것이다. 나는 이런 손님을 보면 아기가 엄마를 만나 함께 손잡고 서점에 찾아올 그날을 손꼽아 기다린다.

　나는 책이 집과 마찬가지로 누구에게나 꼭 필요하다고 생각한다. 그런데 서점에서 일을 하다 보니 집과 책이 다른 점 한 가지를 발견했다. 집은 높이 있을수록 대우를 받는데 책은 그렇지 않다. 책은 멀리 높은 자리에 있는 것보다 가까이 낮은 곳에 놓여야 대우를 받고, 작가도 출판사도 기뻐한다. 그리고 그 기쁨이 지속되려면 책이 팔려야 한다. 그래야 모두가 먹고살 수 있다.

　지극히 현실적으로 보면, 서점 입구에 들어섰을 때 우리 시선 안에 바로 들어오는 가장 가운데 놓인 베스트셀러 도서들을 제외하고 나머지 책들은 그냥 그때그때 주문을 받아서 입고시키는 게 낫겠다 싶은 생각이 들 때도 있다. 워낙 물류와 배송 시스템이 잘 되어 있으니 전문 서적이 아니라면 책을 주문한 다음 날 대부분 입고된다. 사람들은 잘 알려진 작가들의 책이나 베스트셀러를 주로 둘러보기 때문에 벽에 박제되다시피 한 책들이 훨씬 더 많다.

　그런데 그렇다고 오프라인 서점이 사라진다면 어떨까. 그냥 인터넷으로 필요한 책만 주문하고 서점도 팔리는 책만 들여놓는다면 너무나 삭막한 종이의 숲이 되지 않을까. 책도 결국 나무에서 온 셈이니 서점은 책으로 울창한 숲이 된다. 거닐면서 길을 찾기도 하고 꿈을 줍기도 하는 세상에서 가장 안전한 숲 말이다. 이 숲이든 저 숲이든 숲이 줄어들고 사라지는 건 슬픈 일이다.

나는 어릴 적 마을문고 키즈였다. 30년도 훨씬 전, 시골에서는 서점은커녕 책 자체도 귀했다. 게다가 나의 부모님은 무릎에 아이를 앉히고 책을 읽어주는 분들이 아니었다. 그래도 다행인 건 우리 동네에 마을문고가 있었다. 늘 그곳에서 동무들과 책을 읽고 어울려 놀았다. 그곳이 우리의 아지트였다. 그때 무슨 책을 읽었는지는 하나도 기억나지 않는다. 하지만 내가 콩이라면 마을문고가 콩나물시루였고 책은 물이었다. 나는 그렇게 무럭무럭 자랐다.

세상이 모두 얼어붙는 빙하기의 위력을 보여주는 한 재난 영화에서 사람들이 도서관으로 피신하는 장면을 인상 깊게 본 적이 있다. 인류가 멸망할지도 모를 위기에 마지막 대피소가 도서관이라니 이 얼마나 의미심장한가(물론 태울 종이가 많아서이기도 했겠지만).

서점이든 도서관이든 책만 만나러 오는 공간은 아니라고 생각한다. 책과 함께 사람을 만나고, 책을 통해 과거의 전통을 경험하며 새로운 미래를 설계한다. 세상의 모든 책과 세상의 모든 사람이 함께하는 종이의 숲을 내가 사랑하는 이유다.

이만하면 덕후라고 할만하지

 나를 키운 건 8할이 《빨간 머리 앤》이다. 이 첫 줄에 공감한다면 그대도 나의 벗이다. 친구가 말했다. 덕질은 같이 해야 재미있는 거라고.

 나는 앤이라면 책은 물론이고 다이어리, 노트, 필통, 머그잔, 스티커, 마스킹테이프, 심지어 이모티콘까지 가지고 있다. 그 덕에 우리 집 냉장고와 현관문에는 앤이 덕지덕지 붙어 있어 언제나 눈 맞춤을 하게 된다. 최근엔 상처 난 곳에 붙이는 밴드도 새로 나왔는데 하마터면 살 뻔했다(사실 살 걸 그랬다며 후회했다). 지인에게 빨간 머리 앤 편지지에 감사 편지를 썼다가 빨간 머리 앤 원단으로 만든 파우치를 선물 받기도 했다. 넷플릭스 드라마는 당연히 정주행했다. 이만하면 손에 꼽히는 덕후라고 불려도 되지 않을까 싶지만, 알고 보니 그렇지 않았다. TV를 보니 그린 게이블과 꼭 닮은 집을 지어서 예쁜 드레스까지 입고 사는 가족이 나오는 걸

봤다. 나의 완패다.

중요한 건 무얼 가졌느냐가 아니라 어떻게 사느냐이다. 어릴 적 앤과 함께 자란 나는 그때나 지금이나 마음만은 변함이 없다. 그 시절의 마음가짐을 가능한 한 오래오래 간직하며 살고 싶다. 우리는 사실 누구나 가슴 속에 소녀, 소년을 품고 살고 있지 않은가.

분명하게 말할 수 있는 한 가지는 내가 오랜 시간 한결같이 《빨간 머리 앤》을 사랑하고 있다는 사실이다. 《빨간 머리 앤》만 보면 여전히 나를 떠올린다는 친구들을 보면 안다. 나에 관해 속속들이 알고 있는 친구들이 있다니 참 신기하고 고마운 일이다.

처음에는 나와 쏙 빼닮은 주근깨에 삐삐 마른 몸, 조금 남다른 머리카락 색깔에 이끌렸다. 나 역시 조금 다른 머리카락과 눈 색깔 때문에 어릴 적 놀림을 많이 받았었다. 엉뚱한 상상력과 모험심을 가진 아이라는 것부터 그런 성격이 외로움과 두려움을 스스로 이겨내기 위한 용기에서 비롯되었다는 점까지 어느 것 하나 마음에 들지 않은 구석이 없었다. 처음에는 동병상련에서 시작한 마음이었는데, 어느새 앤과 함께 성장하며 앤의 이야기에 위로받고 용기를 얻고 있었다.

단짝 다이애나와의 우정까지 더할 나위 없이 좋았다. 무엇보다 창가에 기대어 '눈의 여왕'이라 직접 이름 붙인 벚나무와 이야기를 나누며 상상의 나래를 펼치는 순간이 부러웠다. 나도 무엇이든 이름 붙이기를 참 좋아하는데 그것까지 비슷했다. 아마 그래서 어려운 환경 속에서도 삶에 대한 소중한 희망과 굳센 의지를 지닌 앤을 좋아하고 닮고 싶었나 보다.

내가 생각하는 《빨간 머리 앤》의 힘은 세대를 뛰어넘는 이야기라는 데에 있다. 오며 가며 지켜본 바로는 정도의 차이는 조금 있을지 몰라도 빨간 머리 앤을 싫어하는 사람은 없는 것 같다. 아직 본 적이 없다. 아는 만큼 보이는 게 아니라 좋아하는 만큼만 보여서 그럴지도 모르지만 말이다.

어느 날, 아직 어려 보이는 소녀 손님 한 분이 엄마 손을 꼭 잡고 찾아왔다. 이들은 내가 하루에 한 번은 꼭 들러보는 《빨간 머리 앤》 서가를 지나다가 이만 발걸음을 멈추고 말았다. 소녀가 《빨간 머리 앤》을 만난 것이다. 역시나 엄마에게 책을 사달라고 조르기 시작했다. 엄마가 대답했다.

"안 돼. 집에 있단 말이야."

알고 보니 엄마도 앤의 친구였다. 엄마와 소녀는 한참 다른 서가를 맴돌다가 다시 앤이 있는 곳으로 돌아왔다. 그리고 결국 앤과 함께 떠났다. 아마 그 엄마분도 나처럼 앤에게는 이길 수 없었던 모양이다. 이걸 어떻게 알게 되었느냐. 내가 직접 《빨간 머리 앤》을 서가에 다시 채워 넣었다. 그것도 표지가 예뻐서 내가 맨 앞에 꺼내놓았던 책으로.

그나저나 남편에게 20주년 결혼기념일에는 캐나다에 있는 프린스에드워드섬으로 여행 가는 건 어떤지 물어봐야겠다.

같은 책을 같은 자리에 여덟 번쯤 꽂으면

《데미안》,《수레바퀴 아래서》,《위대한 개츠비》,《모비 딕》,《1984》,《동물농장》,《노인과 바다》,《호밀밭의 파수꾼》….

이 책 제목들을 들었을 때 가장 먼저 떠오르는 공통점이 있다면 뭘까. 모르면 간첩이다 싶을 정도로 유명해서 책을 좋아하고 책 좀 읽는다는 사람이라면 반드시 읽었을 법한 작품들이라는 것? 혹은 어느 집이든 책장 어딘가에 한두 권쯤 꽂혀 있거나 너무 익숙해서 읽은 것 같은 기분이 든다는 것? 아니면 누군가 읽었는지 물었을 때 왠지 머뭇거림 없이 읽었다고 대답해야 할 것 같은 책이라는 것일까? 모두 맞는 말이지만 나에겐 청소년 베스트셀러 서가에 가장 많이 꽂은 책들로 남아 있다.

사실 읽지 않았다고 해도 이미 아는 책들이다. 주변에서 많이들 읽고 이야기하는 걸 들어서인지 나도 마치 다 읽은 것 같고 내용도 어느 정도는 대강 알고 있다. 검색의 시대이니 블로그나 유튜브만 찾아봐도 직접 읽는 것보다도 더 재미있고 쏙쏙 와 닿게 요목조목 짚어주고 맛있게 떠먹여 주는 리뷰들도 많다.

여기서 한 가지 고백하자면 나는 이 책들을 다 읽지 못했다. 나의 메타 인지는 여전히 정상적으로 잘 작동하고 있어서 읽었는지 안 읽었는지 너무나 명확하게 알고 있다. 읽은 책들의 내용은 며칠만 지나가도 금세 까먹으면서(괜찮다, 느낌은 남으니) 안 읽은 책은 어쩜 이리도 안 까먹는지. 두세 권은 독서 모임 덕분에 함께 읽었고, 한두 권은 전자책으로 소장하고 있지만 읽다가 말았다. 또 어떤 책은 앞으로 함께 읽을 책 목록에 포함되어 있기도 하다.

나는 이 책들을 같은 자리에 열 번 스무 번도 넘게 꽂으면서 언젠가는 읽어야지, 읽어야지 하는 부채감에 오래도록 시달렸다. 빚이라도 진 듯한 죄의식과 욕구불만으로 표지만 실컷 보면서 서점에서 고강도 노동으로 번 돈을 책 사는 데 다시 쏟아부었다. 신간도 매일 쏟아져 나오니 읽어야 할 책들은 나날이 늘어만 가고 그에 따라 부채감도 더 두터워졌다.

반면 셀 수 없이 계속 서가에 채워 넣은 베스트셀러나 청소년 필독서가 아님에도 여러 번의 우연이 겹치면서 나에게 각인된 책도 있다. 이름만 들어도 모두가 아는 작가도 아니고 그렇다고 신간도 아니고 분야별 베스트셀러 매대에 올라가는 책도 아닌데 띄엄띄엄 콕 집어 같은 책을 찾아달라고 하는 손님들이 있었다.

그중 하나가 박웅현 작가의《여덟 단어》라는 책이었다. 그 책을 찾아달라는 손님들은 시기도 성별도 나이도 매번 달랐지만, 이상하게도 어쩌다 늘 내가 맞이했다. 모퉁이 구석진 자리에 있는 인문 서가 맨 밑에서 두 번째 줄 중간쯤에 꽂혀 있던 그 책을, 솔직히 말하면 여덟 번까지는 아니더라도 다섯 번 정도는 손님께 찾아드리고 같은 자리에 또 채워 넣었던 기억이 선명하다. 책 좀 읽는다는 글벗들 중에서도 이 책이 참 좋다고 말하는 이들도 있었다. 이쯤 되면 나도 읽어야 할 것 같고 사야만 할 것 같았다. 읽어야 할 책이 또 늘어난 것이다. 같은 작가의 작품으로 더 알려진 책은《책은 도끼다》이다. 물론 이 책도 손님들께 찾아드린 적이 있다. 들으면 잊을 수 없을 만큼 제목이 인상적인 까닭은 작가가 광고 카피라이터이기 때문이었을까. 아직도 내 머릿속에서 지워지지 않고 읽어야 할 책으로 남아 있는 걸 보면 성공적인 제목이다.

이미 오랜 세월 속에서 검증된 책이 아니더라도, 극히 한정된 오프라인 서점의 베스트셀러 자리를 차지하고 있지는 못하더라도, 이렇게 손님들이 알려주는 좋은 책을 만나게 되는 건 서점에서 일하면서 누릴 수 있는 큰 행운이다. 가장 믿을만한 마케팅은 역시 입소문이다.

가깝고 낮은 매대에 한 번 누워 볼 겨를도 없이 멀고 먼 높은 서가 구석에 꽂히는 책들이 훨씬 많다. 그중에서 내가 아는, 나만 아는 괜찮은 작가의 책을 만날 때도 있다. 그럼 나는 또 그 책을 잠시 쓰다듬고 한참을 바라보며 마음에 담는다. 보는 눈이 있는 독자를 만나서 꼭 읽히기를, 꼭 팔려서 서가를 탈출하기를 바라면서.

읽어야 할 책이 참 많다. 오늘도 늘었다. 매일 읽는 일은 하고 있으니 이 책들도 아직 읽지 않았을 뿐 언젠가는 읽겠지. 독서에는 정답이 없고 당장 읽고 싶은 재미있는 책들은 눈앞에 또 쌓여 간다. 오래된 이 부채감은 책을 읽어야만 떨쳐질 거 같다. 부디 다 읽었다고 당당하게 쓸 수 있는 날이 꼭 오기를 바란다.

단 한 사람을 위한 단 한 권

세상에 존재하는 책을 합하면 모두 몇 권이나 될까? 아니, 멀리 갈 것도 없이 지금 이 서점 안에 있는 책은 모두 몇 권일까? 정확히는 누구도 알 수 없다. 이 순간에도 수시로 바뀌고 있으니 말이다.

서점에는 하루에도 수백 권이 넘는 책들이 쏟아져 들어온다. 대부분 신간이나 베스트셀러, 또는 꾸준히 사랑받고 있는 스테디셀러들이다. 이 책들은 서점에서 가장 잘 보이는 중앙 서가나 분야별 베스트셀러 매대에 주로 진열된다. 서점에 들어서면 저절로 가장 먼저 시선이 닿는 자리이기도 하다. 전체 책의 10퍼센트, 어쩌면 5퍼센트도 채 되지 않는 이 책들이 서점을 어렵사리 먹여 살리고 있다.

반면에 서점에서 가장 인적이 드문 곳이 있다. 팔리고 안 팔리고를 떠나서 서점이라면 없어서는 안 되는, 반드시 갖추고 있어야 하는 책이 있는 곳이기도 하다. 과연 어디일까.

가장 오래되고, 오래된 만큼 가장 많으며, 긴 시간을 살아남아 널리 읽히며 가치를 증명해 온 세계문학이다. 그중에는 색이 바래고 뿌옇게 먼지가 앉아 이름 모를 화석이나 박물관 유물처럼 보이는 재고들도 많다. 하긴, 책은 꼭 누군가 읽지 않더라도 가장 '있어 보이는' 인테리어 가구가 되기도 하니까.

세계문학 하면 뭐니 뭐니 해도 민음사의 '세계문학전집'을 빼놓을 수 없다. 모두 몇 권인지 세어보지는 않았지만 다들 알다시피 정말 많다. 벽에 붙어있는 커다란 서가의 세 칸 반을 천장에서 바닥까지 가득 메우고도 부족하다. 이 글을 읽고 있는 분들도 집에 있는 책장을 한 번 쓱 훑어보면 한두 권쯤은 꽂혀 있을지도 모른다. 맞다. 바로 그 책이다. 통일된 디자인으로 두께와 색상만 달라 금방 알아볼 수 있다.

이와 견줄만한 시리즈로는 '문학동네 시인선'이 있다. 역시나 디자인은 변하지 않고 색만 바뀐다. 이 두 시리즈 모두 어쩌다 가끔 한두 권 서가에 꽂을 일이 있는데, 다행히 번호가 매겨져 있어서 자리를 찾기 쉽다. 책을 꽂으며 앞뒤로 나란히 채워져 있는 책들의 제목만 읽어도 즐겁다. 시집 서가는 제목만 이어도 시 서너 편은 거뜬히 나올 법하다. 내가 참 좋아하는 서가들인데 책을 좀 더 자주 꽂게 된다면 정말 좋으련만, 안타깝게도 가뭄에 콩 나듯이 드문 일이다.

어느 날 누군가 찾을지도 모를 단 한 권을 위해 서점은 내내 그 많은 책을 품고 있다. 내가 매번 놀라는 사실은, 그럼에도 불구하고 이렇게나 많은 책 중에서 하필 손님이 찾는 그 책 한 권이 없는 경우가 의외로 많다는 점이다.

하루는 한 청년이 세계문학 서가에서 한참을 머물며 뭔가를 찾고 있었다. 사실 이런 장면은 좀처럼 보기 힘들다. 이 서가를 찾는 사람은 주로 독서 모임으로 고전 도서를 읽는 50대 전후반의 여성이거나 학교에서 과제로 내준 필독서를 찾는 고등학생일 경우가 많다. 그것도 아니라면 정말 책을 사랑하는 아주 드문 경우에 속한다. 나는 살며시 다가가 어떤 책을 찾는지 물어보았다.

대학생쯤 되어 보이는 이 젊은 손님은 준비하던 시험을 끝낸 후 평소에 읽고 싶었던 세계문학을 둘러보고 있다고 했다. 너무나 바람직하지 않은가. 절로 흐뭇한 미소가 지어졌다. 나는 손님의 탐색, 혹은 산책 시간을 방해하지 않으려고 그대로 슬며시 물러났다. 이런 사람이 서가 사이를 노닐며 책을 찾는 모습을 가만히 바라보는 일이 내게는 한 줄기 바람, 한 모금의 샘물과 같이 귀한 에너지원이 된다.

얼마쯤 시간이 지났을까. 그 손님이 내 쪽을 쳐다보며 몇 번의 눈 맞춤으로 소리 없는 신호를 보내왔다. 나는 그 신호를 놓치지 않고 기다렸다는 듯이 손님에게 다가갔다. 손님은 단테의《신곡》과 도스토옙스키의《카라마조프가의 형제들》사이에서 고민하고 있었다. 어머나, 세상에 정말 멋지다. 나도 아직 못 읽은 책들인데 말이다. 내가 못 하는 걸 해내는 사람은 나이를 불문하고 무조건 멋져 보인다. 이 책들은 어릴 적 언니의 책장에《죄와 벌》이나《좁은 문》과 함께 나란히 꽂혀 있는 것만 봤다. 내가 읽은 건 주로《제인 에어》나《폭풍의 언덕》같은 책이었다.

"너무 어렵지 않겠어요?"

《신과 함께》는 읽었어도《신곡》은 지옥 편 코앞까지 갔다가 포기하고 말았다며 내가 말했다. 나보다 젊고 어리다고 과소평가한 것 같았다면 미안하지만, 나에겐 그만큼 쉽지 않은 책이었다. 손님 앞에서 입으로 거짓말을 하면 나중에 지옥에 끌려가 혀가 뽑힐지도 모른다. 그래서 솔직하게 물었다. 손님은 웃으며 좀 더 고민하더니 단테의《신곡》을 선택했다. 진짜 어려울 수도 있는데, 괜찮을까. 물론 독서는 꼭 굳이 완독을 목표로 하지 않아도 된다. 읽다가 재미없으면 얼마든지 포기하고 그만두어도 상관없다. 세상은 넓고 재미있는 책은 끝도 없이 있다. 나는 괜히 너무 어려운 책을 접했다가 독서에 대한 흥미를 완전히 잃을까 봐 걱정되었을 뿐이었다.

누군가는 나처럼 고전 작품은 어렵고 지루한 케케묵은 이야기일 것이라고 선입견을 품고 있을지도 모른다. 그런데 이번 일로 다시 읽어보니 나름의 재미와 감동도 있고, 여전히 살아 숨 쉬는 이야기의 힘이 느껴졌다. 오래 묵었어도 꾸준히 사랑받는 데는 다 그만한 까닭이 있었다. 책을 찾아 읽는 사람들이 있는 한 이 작품들은 사라지지 않고 계속 살아남을 것이다. 어쩌면 서점은 이런 사람들을 위해 존재하는지도 모르겠다. 그 손님은 과연 《신곡》을 완독했을까? 문득 궁금하다. 나 역시 《신곡》을 읽어보려고 독서 모임을 늘렸다. 혼자서는 읽을 자신이 없어서 '벽돌 책 빠개는 모임'에 가입했다. 모임 구성원 모두의 건투를 기원한다.

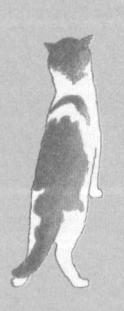

함께 읽기의 힘

 어제는 독서 모임에 다녀왔다. 우리는 다정한 동네 책방에 모여 천천히 함께 슬렁슬렁 책을 읽는다. 이른바 슬로우 리딩이다. 한 권의 책을 다 읽고 나면 책거리를 갖는다. 아주 거하게. 보통 2주 정도를 기준으로 분량을 나누어 매일 조금씩 읽는다. 필사도 하고 느낀 점도 나누고 인증 사진도 공유한다. 밑줄을 그은 문장이 같거나 필사한 내용이 서로 겹치면 같은 마음이구나, 싶어서 더 반갑고 기쁘다. 책이야 혼자서도 읽고 있고 필사도 이제는 일상적인 일이 되었지만, 내가 굳이 시간을 내서 모임에 참석해 함께 읽는 까닭은 따로 있다. 독서 모임이 '인간됨이란 무엇인가'를 내게 다시 한번 상기시켜 주기 때문이다.

 혼자서 읽으면 빨리 읽을 수 있고 좋아하는 책만 골라서 읽을 수도 있겠지만, 나는 홀로 고루하거나 편협하게 지식만 쌓기를 원치 않는다. 독서 모임을 하면 편식하지 않고 책을 골고루 읽을 수 있다. 내가 전혀 읽을 일이 없을 것 같은 책까지 접하게 된다. 어떤 의미에서는 또 다른 신세계를 만나는 일이다. 듣는 이의 입장에 맞춰 표현하는 과정에서 조절력이 생기고, 여러 타인 앞에서 내 생각과 느낌을 조리 있게 구체적으로 말하는 연습이 되기도 한다.

독서로는 뇌 속에 시냅스가 형성되고, 독서 모임으로는 삶 속에 관계가 형성된다. 머릿속에 지식을 쌓는 것에 머물지 않고, 책으로 배운 것이 사람과 사람 사이에서 다채롭고 생생한 경험으로 이어져 삶이 풍성해졌으면 좋겠다. 지식에 공감이나 배려 같은 것이 더해져 삶의 지혜가 되는 과정이 더없이 좋다. 사람을 통해 경험으로 깨달은 지식이야말로 비로소 내 것이 된다.

함께 읽기의 가장 중요한 점은 나와는 다른 시선을 접한다는 것이다. 내 생각에만 갇혀서 나만 옳다고 여기는 확증 편향에 빠지는 것을 예방할 수 있다. 자신의 신념과 일치하는 정보는 받아들이고 그렇지 않은 정보는 무시하는 태도는 매우 위험하다는 감각을 상기시켜 주는 것이 바로 독서 모임이다. 나와 의견이 달라도 '아, 그럴 수도 있구나'하고 받아들이는 법을 배운다. 생각이 한 곳에만 고이지 않으려면 다양한 관점을 접해야 한다. 생각은 흘러야, 마음은 나눠야 건강해진다. 모임이 가진 다양성을 못 견디면 뛰쳐나가는 것이고, 그렇지 않다면 그 자리에 앉아 있는 한 타인의 의견을 받아들이게 되어 있다. 그 두 시간만큼이라도 휴대폰 대신 책을 손에 들고 앞에 앉은 사람의 이야기를 경청하는 것이다.

독서 모임 이야기를 핑계 삼아 속도에 관해서도 이야기하고 싶다. 필요한 정보가 있으면 빛의 속도로 검색해 핵심만 쏙쏙 골라 보는 게 익숙하고 당연해졌다. 틈날 때마다 보는 동영상의 길이는 점점 더 짧아지고 있지만, 그마저도 견디기 힘들어하는 세상이다. 누군가에겐 진득하게 하나를 붙들고 있는 일이 몹시 괴롭고 힘든 일이 되어버렸다. 우리 모임 안에서도 천천히 슬렁슬렁 겨우 몇 쪽 읽는 동안에도 휴대폰을 몇 번씩이나 꺼내 드니 걱정이라며 입을 모아 말하기도 한다. 어른도 이러한데 아이들은 오죽할까.

나는 종이책과 필사를 고수하고 있다. 잘 읽거나 많이 읽는 것은 아니지만 느리더라도 꾸준히 읽고 쓰기 위해서다. 그런 태도와 습관을 지키기 위해서 일부러 천천히 읽고 종이에 손 글씨로 옮겨 적는다. 책의 중요한 내용을 뽑아서 옮겨 쓰거나 다시 쓰는 것을 '초서*抄書*'라고 하는데 글을 편집하는 능력을 기르는 데 도움이 된다. 책을 읽으면 상상력과 추리력은 물론이고, 책의 내용을 요약하고 통합하는 능력 또한 길러지는 것이다. 책 읽기가 좋은 것이야 두말하면 입 아프고, 늘 마시는 커피 한두 잔 값이면 이 모든 걸 덤으로 얻을 수 있으니 독서보다 가성비가 좋은 게 또 있을까 싶다.

같은 의미로 역세권이나 숲세권도 좋지만 책세권에 있는 동네야말로 정말 살기 좋은 동네가 아닐까. 나는 오늘도 종이책을 들고 총총 책방으로 발걸음을 향한다. 책 속에서 사람 속에서 인간다움을 잊지 않기 위해, 그리고 어제보다 한 뼘 더 성장하는 내 모습이 좋아서 말이다. 책과 사람에 진심인 나는 여전히 서점에 다니는 사람이다.

더할 나위 없이 완벽한

 서점에서 일하면서 생긴 가장 좋은 취미는 책방 답사를 다니는 일이다. 가는 곳마다 그 지역의 동네 책방을 찾아다닌다. 처음 가본 낯선 곳이라도 꼭 가보고 싶은, 좋아하는 공간이 있으면 어딘지 모르게 친숙하게 느껴진다.

 시기를 놓쳐 10월이 되어서야 떠난 여름휴가였다. 다른 직원들은 모두 휴가를 다녀온 지 한참 지났고 서점 내부에 리모델링 공사가 있어 그것까지 마무리 지어 놓고 보니 더 늦어졌다. 늦은 휴가의 목적지는 경주로 잡았다. 지친 만큼 멀리 떠나고 싶었지만 코로나19가 여전히 유행 중이었고 비행기를 탈 체력도 숙소를 알아볼 여력도 없어 남편과 나는 텐트만 겨우 하나 들고서 캠핑이 가능한 경주 어느 바닷가에 진을 쳤다. 경주에 바다가 잇닿아 있다는 것도 그때 처음 알았다. 마침 10월에는 결혼기념일이 있었고, 남편도 나도 학창 시절 수학여행을 다녀온 적이 한 번도 없었으니 이

번 여행으로 세 가지 기록을 모두 새로이 할 수 있겠다 싶었다.

가장 먼저 필수 코스인 불국사와 석굴암에 발 도장을 찍었다. 마음만큼은 수학여행 온 꽃다운 소녀였다. 첨성대 앞에서 당연히 인증 사진도 찍었다. 남는 것은 사진뿐이다. 이 사진 한 장을 찍기 위해 먼 길을 달려왔다고 해도 과언이 아니다. 이날은 날씨까지도 완벽했다.

그리고 마침내 우리의 최종 목적지인 책방에 도착했다. 휴가인데 책방을 찾아오다니, 나는 책방을 정말 사랑한다. 이곳에서만큼은 눈빛이 빛난다. 내가 방문한 책방은 경주에 오면 꼭 들러야 한다는 황리단길 한가운데에 있었다. 이름은 〈어서어서〉로 어디에나 있는 서점, 어디에도 없는 서점이라는 뜻이란다. 그곳은 이미 입소문이 나 젊은 친구들이 꽉 차 있었다. 사람이 많아 책을 사고 어서어서 자리를 비켜줘야만 할 것 같았다. '작은 책방에서는 책을 반드시 산다'라는 나의 철칙대로 책방지기가 직접 쓴 책과 크리스티앙 보뱅의 책 한 권을 사 들고 우리는 황급히 자리를 떴다. 좀 더 머무르며 음미하지 못해 아쉬웠다. 그래도 책방에 손님이 많다는 건 참 다행인 일이었다. 핫플레이스라며 인스타그램에 올릴 사진만 찍고 가지 말고, 책을 부디 꼭 샀으면 좋겠다고 마음속으로 빌었다. 이 책방의 시그니처는 책을 담아주는 봉투였다. 읽는 약이라고 쓰여 있었다. 그래, 책이 약이지. 책방이 약방이지.

"날이 이렇게나 좋은데 금방 나와 버렸네."

예상보다 일찍 끝난 책방 탐방에 못내 아쉬웠던 우리는 아이스크림을 사 들고 대릉원 벤치에 앉아 잠시 바람을 즐겼다. 그러고는 터덜터덜 발길이 이끄는 대로 거리를 배회했다. 이렇게 특별한 목적 없이 하염없이 길을 거니는 것도 실로 오랜만에 맛보는 여유였다. 다음은 빠뜨릴 수 없는 나의 참새 방앗간 차례였다. 취향 저격인 기념품점에 들러 누가 봐도 나를 닮은 그림엽서와 배지, 경주를 담은 마스킹테이프를 사 들고 다시 배회하기를 이어갔다.

그렇게 정처 없이 걷던 중이었다. 어느 좁은 골목을 지나 작은 마당이 있는 예쁜 하얀 집을 발견했다. 문 앞에는 고양이 한 마리가 문지기를 하고 있었다. 너무 예쁜 나머지 그곳이 뭐 하는 곳인지 살필 겨를도 없이 나도 모르게 안으로 들어섰다. 놀랍게도 그곳은 바로 〈소소밀밀〉이라는 어여쁜 이름을 가진 그림책 전문 책방이었다. 공간에는 무릇 공간지기의 철학이 담기고 기운이 어리는 법이다. 아마도 그래서 끌렸던 것 같다. 이 마법 같은 공간의 주인장 부부께서는 직접 그림을 그리는 작가라고 하셨다. 책방 안에는 우리 말고는 아무도 없었다. 갑자기 시간이 슬로모션으로 흐르는 것만 같다. 나는 아주 천천히 느긋하게 책을 둘러보았다. 그래, 이 맛이야. 책방은 이 맛이지.

그림책으로만 가득 찬 그 공간에서 내가 발견한 작품은 미야자와 겐지의 《비에도 지지 않고》라는 책이었다. 그 자리에 서서 다 읽었다. 작가가 누구인지도 그때는 몰랐다. 그저 책에 이끌렸다. 이분이 바로 그 유명한 만화 '은하철도 999'의 원작인 《은하철도의 밤》을 쓴 작가라는 사실을 뒤늦게 알았다. 그래서 그 책을 샀느냐면 그건 아니다. 정작 그 책은 나중에 글벗의 동네 책방에서 샀다. 대신 그곳을 지키고 있던 앳되고 어여쁜 작가님의 그림책을 샀다. 그분도 그림책 작가라고 했다. 주인장 부부는 다른 곳에 더 크게 북카페를 열어 운영하고 있고, 자신이 파트타임으로 원류인 이 공간을 지키고 있다고 말했다. 그 짧은 순간 이렇게 이야기까지 나누었는데 그렇다면 이분의 책을 사야지. 이미 넘치는 호수나 바다에 한 방울 보태기보다는 이왕이면 숲속의 작은 옹달샘에 한 방울 보태는 것이 훨씬 의미 있는 일일 것이다. 물론 주인장분들이 그리신 그림엽서도 여러 장 함께 샀다.

충분히 즐긴 후 책방을 나서며 나는 생각했다. 이런 공간에서 미야자와 겐지의 문장처럼 살고 싶다고. 나도 저 창가에 앉아 쓰고 그리고 싶다고. 그러면 그것으로 족할 것 같았다. 이날 만난 책방과 책들은 오롯이 내 마음에 아로새겨졌다. 더할 나위 없이 완벽했다.

가정식 백반 아니고 책방

"가정식 책방 좋아하세요?"

책방이 가정식이라니 조금 생소한 분들도 있을 것 같다. 서점이나 책방의 형태는 의외로 참 다양하다. 나도 서점에서 일하는 동안 서점학교 수업을 들으면서 알게 된 사실이다. 가정식 책방은 말 그대로 가정집 형태의 공간이거나 도시 외곽, 혹은 시골에서 주택의 형태를 빌려 운영되는 작은 규모의 서점이다. 단순히 책을 파는 곳이라기보다는 지역 연대를 위해 문화적 경험을 파는 곳이라고 하는 것이 더 적절할 듯싶다. 요즘은 시간제로 공간을 대여하거나 북스테이 형태로 숙소와 서점을 병행하며 운영하는 곳들이 제법 된다. 자신이 좋아하는 곳은 거리나 위치를 따지지 않고 시간을 내어 찾아가는 사람들이 있어 가능한 일이다.

서점학교 프로그램이 있다는 사실도 서점 일에 발을 들여놓으면서 알게 됐다. 우리 주변에 관심만 가지면 정말 좋은 문화예술지원사업이 많다는 걸 그때 알았다. 결국 마음을 두어야 그쪽으로 문이 열리는 모양이다. 서점에 일하는 동안 주말 휴일을 반납해 가며 서점학교 수업을 듣고 평일 출근 전에는 글쓰기 모임과 그림책 수업까지 참여했다. 그리고 늦은 밤 퇴근하고 나서는 글을 썼다. 잠을 조금 덜 자면 가능하다. 사람은 모두 한 자루의 양초일지도 모른다. 심지에 불을 붙일 무언가를 찾는다면 자기를 불태울수록 빛난다. 서점에 있는 시간이 내게는 그랬다.

서점학교 수업은 온라인 강의를 통해서 이루어졌다. 전부 무료로 들을 수 있는데, 이미 서점을 운영하고 있는 선배들의 경험과 노하우뿐만 아니라 그들의 철학과 직접 겪은 서점계의 현실을 알려주는 정말 귀한 내용이었다. 나는 그중에서도 아주 짤막한 몇 분 자리 인터뷰 영상에 푹 빠져들고 말았다.

"여보! 여기는 가야 해. 당장."

결국 남편을 끌고서 가까운 주말에 시간을 내어 영상 속 그분을 직접 찾아갔다. 그곳은 바로 공주에 있는 〈길담서원〉이라는 가정식 책방이었다. 도착해 보니 공주의 구시가지 안쪽 동네에 있는 오래된 주택이었다. 초록 대문 앞에 우리는 차를 세웠다. 알고 찾아오거나 자세히 살펴봐야만 이곳이 책방이구나, 알아차릴 수 있을 만큼 눈에 띄는 간판이나 이렇다 할 인위적인 표식이 없었다. 낡은 대문 안으로 들어가 보니 꽃과 풀이 한창이었다. 겉으로 보기에는 그저 평범한 주택이었다. 미닫이문 안쪽으로 들어서니 그제야 책방의 존재감이 모습을 드러냈다. 인터뷰 영상 속에서 뵈었던 그분이 환한 미소로 반겨 주셨다. 그곳을 운영하는 뽀스띠 노님과 여름나무님 두 분은 자매라고 하셨다.

그저 손님인 듯 자연스레 들어섰다가 너무 반가워 서점학교 수업을 듣고 반해서 찾아왔다고 털어놓고 말았다. 뽀스띠노님은 몹시도 부끄러워하셨다. 하지만 부끄러움도 잠시, 우리는 즐겁게 마주 앉아 한참 동안 대화를 나누었다. 내가 반했던 공간에 관한 철학이 고스란히 느껴졌다. 서울 서촌에서 〈길담서원〉을 오랫동안 운영하시다가 이 집을 보고 반해서 다 정리하고 내려오셨다고 했다. 그 용기가 정말 멋있게 느껴졌다. 이런 게 진짜 로망을 현실로 일궈낸 경우구나 생각했다.

뽀스띠노님은 직접 읽었거나 소장하고 싶은 인문학 도서를 중심으로 책방을 꾸리고 계셨다. 내부 공간은 원래 주택이 가지고 있던 거실과 방 두 개의 틀을 그대로 살려두었다. 책과 클래식 음악이 에워싸고 있는 작은 공간 안에 무려 작은 미술관도 있었다. 그동안 모아 온 좋아하는 작품이나 지역 예술가분들의 작품을 걸어둔다고 한다. 하고자 한다면 공간의 크기는 아무런 제약이 되지 않는다는 걸 직접 보여주고 계셨다.

뽀스띠노님이 직접 쓰신《길담서원, 작은 공간의 가능성》에 이 모든 이야기가 담겨 있다. 나는 그 책과 함께 몇 권을 더 골랐다. 나의 성화에 못 이겨 그림책 세계에 갓 입문한 남편은 많은 책 속에서 레오 리오니의 그림책《파랑이와 노랑이》를 한눈에 알아보았다. 계산을 마치고 나니 주변 친구들과 지인들이 모아서 보내줬다는 에코백에 책을 담아주셨다. 이것마저 멋있다. 나는 보답으로 내가 직접 만든 거즈 행주를 선물했다.

두 분은 책방도 꾸리시면서 가끔 빵을 굽고 텃밭을 일구며 살아가신다. 책방 뒤편에 있는 별채도 수리해서 새로운 무언가를 좀 더 도모해 보고 싶다고 하셨다. 나는 그 별채가 탐이 날 지경이었다.

고등학교 시절 내게 가장 크게 영향을 미친 책은 니어링

부부의《조화로운 삶》,《아름다운 삶, 사랑 그리고 마무리》였다. 나도 그렇게 살고 싶었다. 시골에 작은 가정식 책방을 하면서 말이다. 책 밭, 글 밭도 일구고 텃밭도 가꾸면서 조화롭게 일하고 사랑하며 저물고 싶다.

책이 약이고, 책방이 약방이다. 그리고 그 약효는 건넨 사람의 손길이 내는 것이다. 그 약을 지은 공간과 공간을 지키는 마음이 내는 것이다. 나는 이곳에 다녀오면서 그 믿음이 더욱 굳건해졌다.

꿈을 실천하는 삶

 먼 길을 차로 달려 책에 정말로 진심인 책방지기 한 분을 뵙고 왔다. 그분의 전직은 대통령이다. 설마 그분을 직접 뵐 거라고는 전혀 예상하지 못했다. 그냥 책방 답사도 하고 가는 김에 편지와 선물을 전해 드리고 와야지 하는 마음으로 무작정 들른 길이었다.

 길을 서두른 덕분에 아직 정오가 되지 않은 평일에 바로 그곳, 〈평산책방〉에 도착했다. 안으로 들어서니 책방지기가 정말로 앞치마를 메고 책방을 지키고 계셨다. 특별한 일정이나 사전 약속이 없는 한 책방에 나오신다고 한다. 시간과 여건이 허락하는 대로 카운터에서 한 사람 한 사람과 인사를 나누고 사진도 찍어 주고 잊지 않고 손도 꼭 잡아주신다. 책을 사면 직접 농사지으신 농산물을 덤으로 챙겨주시는데 우리는 그때 쪽파 모종을 받았다. 나는 인사를 나누며 손 편지와 함께 내가 직접 만든 펜갈피를 선물로 드렸다. 농사도 지으시고 산에도 다니시니 가장 어울릴 만한 원단으로 심혈을 기울여 고르고 내외분이 같이 쓰실 수 있도록 두 개를 준비해 갔다. 책 읽으실 때 사용하시면 된다고 방법도 설명해 드렸다. 이 정도면 일기를 써야 하는 날이다.

책방은 책방지기의 기증 도서로 채워진 자그마한 도서관을 품고 있다. 얼마나 독서광이신지 개인적으로 소장하고 계시던 책의 일부분일 텐데도 이 공간에 있는 책만 자그마치 천 권이나 된다고 한다. 정말 아름답다는 생각이 들었다. 그런데 역시나 이곳에서도 겨우 내가 좋아하는 만큼만 보이나 보다. 왠지 어렵고 두터워 보이는 인문 서적들 사이로 신영복 선생님의 《담론》과 《강의》가 눈에 띄었다.

책방지기는 책방의 홈페이지와 앱을 통해 직접 좋은 책과 시를 책 친구들에게 꾸준히 추천해 주고 계신다. 추천해 주시는 책을 보면 잘 알려지지 않은 작은 출판사에 대한 배려도 돋보인다. 덕분에 잊혔던 책이 다시 역주행하기도 한다. 내가 일하고 있는 서점에서도 "《짱개주의의 탄생》 있어요? 요즘 핫 한데!"라며 문의하는 손님도 있었다. 가장 최근에는 홍림 출판사에서 출간한 《시후 엄마, 김혜민 경찰입니다》를 추천해 주셔서 글벗들과 함께 읽고 있다. 자폐 스펙트

럼을 지닌 아이와 함께하는 돌봄의 과정을 진솔하게 기록한 엄마의 이야기로, 역시나 사회적 약자에 대한 우리들의 시선을 한 번쯤 되돌아보게 해주는 책방지기의 사려 깊은 마음이 느껴진다.

나는 처음 문을 열었던 당시에 그곳에서만 살 수 있었던 《책 읽는 사람-문재인의 독서 노트》를 두 권 샀다. 한 권은 내가 갖고 나머지 한 권은 수원에서 책방을 하는 벗에게 선물했다. 지금은 《문재인의 독서노트》라는 제목으로 곳곳의 동네 책방과 온라인 서점에서도 두루두루 판매되고 있다.

이제는 돌아가야 할 시간이다. 책방 옆 카페에서 시그니처 음료인 토리라테를 마시며 남은 아쉬움을 달랬다. 책의 힘을 믿는다는 책방지기의 신념과 함께, 책은 부디 자신들이 살고 있는 지역의 동네 책방에서 구매해 달라는 간곡한 당부가 마음에 오래도록 남았다. 그래서 그대로 실천했다. 책방을 다녀온 후 내가 그곳에서 본 《슬픔의 방문》과 《다정한 것이 살아남는다》를 글벗의 동네 책방에서 주문해서 한동안 필사하며 읽었다. 역시나 그곳에서 만났던 그림책 《미스 럼피우스》는 아이들과 함께 꼭 한번 읽고 싶다. 이분이야말로 미스 럼피우스의 이야기대로 실천하는 삶을 살고 있는 분이 아닐까 싶다. 나 역시 은퇴 후에는 꿈을 실천하며 살고 싶다. 지금부터 그렇게 산다면 더 좋고.

그곳은 그냥 책방이다. 책방은 누구나 언제든 들러서 책을 만나는 곳이다. 물론 책을 산다면 더 좋다.

그림책은 그림책

 맨 처음 그림책을 만났을 때의 감동을 나는 지금도 생생하게 기억한다. 어떻게 이런 짧은 이야기에 모든 걸 다 담을 수 있는 걸까. 그림책은 누구라도 곁에 두고 감상하고 즐길 수 있는 완벽한 하나의 예술 작품이다. 아름답고 심오하다. 김환기 화백의 그림은 소장할 수 없을지 몰라도 내 마음에 드는 그림책이라면 얼마든지 소장할 수도 있다(역시 책은 보는 게 아니라 사는 거다).

 사실 그림책이야말로 슬로우 리딩을 해야 한다. 처음에 멋모를 때는 몇 분 만에 가볍게 읽고 지나쳐 버렸다. 하지만 알면 알수록 두고 보고, 또 보고, 천천히 봐야 그 깊이의 언저리라도 가닿을 수 있음을 깨달았다. 지금껏 내가 만나본 그림책을 세어보자면 우주의 먼지만큼도 안 되겠지만 한 권 한 권이 모두 각각의 소우주였다. 나는 그렇게 믿고 있다. 그리고 그림책으로 만난 우주는 나의 내면을 비춰주는 우물이자 거울이 된다.

 다른 책들과 마찬가지로 그림책도 역시 함께 읽는 것이 좋다. 그림책은 그림이 중요하다. 작가가 그 그림을 그리고 그런 색을 선택하고 그런 구도로 글과 그림을 배치한 것은 물론 그가 의도한 부분도 있겠지만 작가의 무의식이 담겼을 수도 있다는 사실을 함께 읽다 보면 발견하게 된다. 납작하고 일차원적인 나 혼자서는 보려야 볼 수 없는 다양한 이면들을 다른 사람의 시선과 관점이 함께하면 볼 수 있다.

 그림책을 그림책답게 온전히 즐길 줄 알고 볼 줄 아는 존재들이 있다면 바로 아이들이다. 아직은 인간보다 신에 더 가까워서일까. 아마도 아직 굳어진 틀이나 선입견이 없고 사고가 유연하기 때문일 것이다. 나는 책방에 들르면 기회가 될 때마다 아이들과 소리 내어 그림책을 함께 읽는다. 아이들에게 궁금한 점을 물으면 그들은 언제나 지혜로운 답을 말해준다. 정말이지 모르는 것이 없다. 반면에 황금을 갈구하느라 언제나 저만큼 앞서 바삐 달려가는 어른들은 몇 줄 안 되는 그림책의 글만 수박 겉핥기식으로 읽어버리고 돌아선다. 그들에게 그림책이란 그저 아이에게 해줘야 하는 숙제일 뿐이다. 내가 놀고 내가 읽는 것이 아니라 놀아줘야 하고 읽어줘야 하니 고단해지나 보다.

그림책은 말 그대로 그림으로 그린 책이다. 글자가 하나도 없는 그림책도 있다. 글이 없어도, 글을 몰라도, 그러니까 굳이 파헤치고 분석하지 않아도 충분히 음미할 수 있다. 그림책을 보는 방법에는 정답이 없다. 그래야 또 그림책답다. 그러려면 천천히 보아야 한다. 오래 보아야 한다. 천천히 오래도록 보아야 어여쁜 것은 풀꽃이나 사람만이 아니다. 그림책도 그렇다. 나는 그림책이 전 연령을 위한 책이라고 생각한다. 그림책이 아이들만을 위한 책이라는 고정관념에서 벗어난다면 그야말로 무궁무진한 신세계를 만날 수 있다.

그리고 그림책 이야기를 하자면 생각나는 사람이 있다. 친애하고 존경하는 나의 그림책 스승님이자 글벗, 강이랑 작가님이다. 에세이스트 강이랑으로《죠리퐁은 있는데 우유가 없다》를 출간하셨고, 아동문학 연구가 김영순으로 일본 작가인 보탄 야스요시의 그림책《임금님의 이사》와《여행하는 목마》를 번역하셨다.

나는 한 달에 두 번 글벗의 동네 책방에서 작가님의 그림책 수업을 듣는다. 작가님은 언제나 틀에 얽매이지 않는 순수한 시선과 호기심 가득한 열린 질문으로 그림책의 세계로 향하는 길라잡이가 되어 주신다. 나는 작가님의 그림책 수업을 사랑한다. 그때만큼은 동심을 풀어헤쳐 놓아도 안전하고 그 순간만큼은 모두가 평등하다. 진정한 우정이 그러하듯 말이다. 말이 또 많아졌다. 한 줄로 줄이면 사랑한다는 말이다. 그림책에 대한 나의 사랑을 담아 내가 아끼는 그림책 목록을 공유한다.

《다시 그곳에》, 나탈리아 체르니셰바, JEI재능교육, 2015

《도서관》, 사라 스튜어트 글, 데이비드 스몰 그림, 시공주니어, 1998

《나의 개를 만나러 가는 특별한 방법》, 필립 C. 스테드 글, 매튜 코델 그림, 원더박스, 2022

《도망치고, 찾고》, 요시타케 신스케, 주니어김영사, 2021

《있으려나 서점》, 요시타케 신스케, 온다, 2018

《삶의 모든 색》, 리사 아이사토, 길벗어린이, 2021

《마음버스》, 김유 글, 소복이 그림, 천개의바람, 2022

《눈아이》, 안녕달, 창비, 2021

《별에게》, 안녕달, 창비, 2025

《연남천 풀다발》, 전소영, 달그림, 2018

《산으로 오르는 길》, 마리안느 뒤비크, 고래뱃속, 2018

《고래가 보고 싶거든》, 줄리 폴리아노 글, 에린 E. 스테드 그림, 문학동네, 2014

《다 같은 나무인 줄 알았어》, 김선남, 그림책공작소, 2021

《이상한 엄마》, 백희나, Storybowl(스토리보울), 2024

《이상한 손님》, 백희나, Storybowl(스토리보울), 2024

《알사탕 제조법》, 백희나, Storybowl(스토리보울), 2024

《옥춘당》, 고정순, 길벗어린이, 2022

《무무 씨의 달그네》, 고정순, 달그림, 2021

《가드를 올리고》, 고정순, 만만한책방, 2017

《농부 달력》, 김선진, 웅진주니어, 2022

《아니의 호수》, 키티 크라우더, 논장, 2019

《파랑이와 노랑이》, 레오 리오니, 물구나무(파랑새어린이), 2003

《프레드릭》, 레오 리오니, 시공주니어, 2013

《여행하는 목마》, 보탄 야스요시, 문학과지성사, 2024

《행복한 붕붕어》, 권윤덕, 길벗어린이, 2024

《비에도 지지 않고》, 미야자와 겐지 글, 곽수진 그림, 언제나북스, 2021

《틈만 나면》, 이순옥, 길벗어린이, 2023

《알바트로스의 꿈》, 신유미, 달그림, 2021

손 글씨 수행자의 루틴

나이가 마흔을 넘어가면 누구나 한 번쯤 인생의 전환기를 맞이하게 되는 것 같다. 그래서 마흔을 주제로 하는 책이나 강연, 교육 프로그램도 자주 눈에 띈다. 이 시기에 미라클 모닝이라든지 독서 모임 같은 새로운 도전을 시작하는 경우도 많다. 나 역시 마흔 중반을 향해가면서 내게 잘 맞는 루틴을 만드는 것이 일상을 무너뜨리지 않고 유지하는 데에 참 도움이 많이 된다는 걸 실감했다.

그리고 이 시기에 비로소 밥벌이에서 꿈벌이를 향한 단계로 들어섰다. 직업이 바뀐 것은 물론이고 가장 나다운 것이 무엇인지, 내 정체성을 되찾게 되었다. 무엇보다 꿈과 현실 사이에서 적절한 균형을 잡을 수 있게 됐다.

나는 인생에서 길을 잃었을 때 책 속에서 좋은 어른과 스승을 만났다. 꼭 마흔이 아니더라도 삶의 전환기에 도움을 받은 스승으로 한 사람을 고르라고 한다면 개인적으로 구본형 선생님을 꼽고 싶다. 《익숙한 것과의 결별》이 워낙 유명하지만, 자신의 길을 찾고 있는 젊은 친구들에게는 《구본형의 마지막 편지》를 읽어주고 싶다. 전환기를 맞이했거나 앞둔 사람이라면 《위대한 멈춤》을 추천한다. 구본형 선생님의 제자였던 박승오, 홍승완 작가가 함께 쓴 책인데 제목이 알려주듯 인생에 새로운 전환점이 필요한 사람이 다양한 길을 모색하는 데 유용하다.

그 결과 오늘의 나는 종이책 수호자이자 문장 수집가다. 더불어 손 글씨 수행자이기도 하다. 어느덧 10년 넘게 손 글씨 필사를 꾸준히 이어 오다 보니 어느 날에는 잡지사로부터 인터뷰 제의를 받기도 했다. 지극히 평범한 나 같은 사람도 무언가 한 가지를 오랜 시간 집중해서 해나가다 보면 그것이 곧 새로운 길이 되기도 하나 보다. 글쓰기도 그렇듯 꾸준함이 쌓이면 자신을 지켜주는 힘이 된다. 갈고닦을수록 그 힘은 강해지는 법이다.

필사는 나에게 손으로 쓰는 기도의 한 방법이다. 종교는 없지만 손 글씨를 쓸 때 가장 경건해진다. 문장을 베껴 쓰는 단순한 되새김질처럼 보일지 몰라도 내게는 가장 차분하게 내면에 집중하며 자신을 다시 돌아보는, 마음을 맑게 씻는

의식이다. 좋은 문자에서 나오는 향기와 훌륭한 서책이 풍기는 기운을 추사 선생은 '문자향 서권기 文字香書卷氣'라고 하셨다. 이 말을 마음에 아로새기고 오늘도 글을 읽고 쓴다.

나는 아침 일곱 시쯤이면 알람이 없어도 비교적 규칙적으로 자연스럽게 눈이 떠진다. 일어나면 가장 먼저 기지개를 켜고 입안을 가글한 후 따뜻한 물을 한 잔 마신다. 항상 듣는 라디오를 켜고 방에 있는 블라인드를 걷고 창문을 연다. 상쾌한 아침 공기로 방안을 환기하고 나면 책상에 앉는다. 그리고 숨을 고르듯 시를 고른다.

예전부터 내 마음을 알아채고 읽어낸 것 같은 문장이나 글귀를 발견하면 따로 모아두곤 했다. 원래 마음에 드는 풍경이나 예쁜 장소처럼 좋은 도화지가 될 수 있는 것은 사진을 찍었다가 어울리는 글귀를 넣어 주변 지인들과 공유했는데, 요즘은 그런 방식이 '디카시'라는 하나의 장르가 되었다고 한다. 계속 그렇게 하다 보니 자연스럽게 손으로 직접 글씨를 쓰는 단계로 넘어가게 됐다.

앞에서도 언급했지만 이러한 연유로 나는 초서를 즐긴다. 다산 정약용 선생이 공부의 기본으로 강조했던 방법이기도 하다. 책의 내용을 짧게 나만의 방식으로 정리해 내 것으로 만든다. 매일 긴 글을 읽고 압축하다 보니 글쓰기 연습으로도 효과적이다.

필사 도구는 주로 만년필을 쓴다. 만년필은 쓸 때마다 느낌이 다르다. 노트의 질감이나 잉크의 종류도 거기에 영향을 준다. 쉽게 잘 굴러가다가도 어떨 때는 번지거나 버벅대기도 한다. 한 획 한 획 쓰면서 종이 위를 흔들림 없이 나아가야 하니 숨을 멈추고 호흡을 고르게 된다. 조금만 집중력을 잃어 한눈을 팔면 책을 보면서 천천히 따라서 쓰는데도 글씨를 틀리거나 빠뜨리게 된다. 일단 쓰고 나면 고칠 수도 없어 정신력이 절로 좋아진다.

필사는 내가 스스로를 아끼고 사랑하는 방식이자 마음을 다스리는 도구이다. 필사하는 글도 딱히 장르를 가리지 않는다. 어떤 글이든 내 마음에 와닿았는가가 중요하다. 그래도 어느덧 매일 10년 넘게 해 오다 보니 주변에서 '여운체'라고 부르는 필체도 자리 잡았다. 이 기록을 SNS로 공유하고 있는데, 가끔 주변 사람들로부터 특정 글귀를 써달라는 DM을 받기도 한다.

필사를 하면서 글도 살아나고 나도 살아난다는 의미로 '필사즉생筆寫卽生'이라는 말을 즐겨 쓰고 있다. 이제는 몸에 배어 특별히 귀찮거나 하기 싫은 마음도 들지 않는 데다가 나에겐 일종의 명상에 해당하는 일이므로 오히려 에너지를 얻고 있다. 필사를 끝내고 나면 가장 중요한 일은 일단 해치운 것 같은 기분이 들어 하루의 시작이 더 가뿐하다. 오늘 하루를 어떻게 보낼지 미리 정리해 보는 시간이기도 하다.

정약용이 삼근계三勤戒에서 말했듯이 단순한 한 가지에 집중해서 꾸준히 부지런히 해야 길이 나고 몸에 밴다. 그것이 무엇이든 자신만의 습관을 만들어 꾸준히 실천하고 있다면 당신은 충분히 건강한 일상을 살고 있는 것이다.

나는 직접 손으로 무언가를 쓰는 일을 더 많은 사람이 즐겼으면 좋겠다. 요즘은 스마트 학습지 광고가 일상이고 디지털 교과서를 도입한다는 소식도 들린다. 하지만 우리가 아주 어릴 적에 읽고 쓰기의 가장 처음은 끼적이기였다. 크레파스나 색연필을 손에 쥐고서 종이 위에 마음껏 아무렇게나 자유롭게 긋고 찢고 칠하면서 우리 몸의 다양한 감각이 발달하고 상상력과 창의력도 커진다. 그 궁굴림의 행위와 종이의 질감 사이에 느린 마찰을 피부로 느끼면서 몸과 마음과 인간다움이 자란다. 처음 종이와 펜을 만질 때의 촉감을 부디 오래도록 간직했으면 하는 바람이다.

금사빠 북클럽

나에게는 책방 답사를 넘어 책방 순례라고 부르고 싶은 장소가 있다. 가장 성스러운 마음으로 꾸준히 찾고 있으니 내 기준에선 그렇게 부를만한 곳이다.

이 인연의 시작은 서점에서 일하면서 글쓰기 수업을 들었던 때로 거슬러 올라간다. 그 당시 나는 일주일에 두 번, 출근하기 전에 시간을 내어 함께 책을 읽고 글을 쓰는 모임에 참여했다. 서로의 글에 울고 웃으며 사람 사이의 관계라는 게 반드시 만나 온 시간에 비례하지는 않는다는 걸 새삼 일깨워주는 만남이었다. 우리들은 글을 통해 서로의 일부를 나눴다. 책을 통해 맺은 귀한 인연이자 운명적인 필연이다. 서로 완전한 타인이었던 우리는 그때 만난 인연으로 2년이 넘도록 공간만 옮겨 왔을 뿐 여전히 우정을 쌓고 있다. 그리고 진심으로 서로를 지지하고 응원하고 있다.

그렇게 만난 글벗 중 한 사람이 동네 책방을 냈다. 그것도 아이들을 위한 그림책 책방이다. 이름도 자신이 좋아하는 그림책의 제목에서 따와서 〈돌멩이수프〉로 지었단다. 그녀 역시 《다시 태어난 지구》라는 그림책을 내고, 환경을 위해 무엇을 할 수 있을까 끊임없이 고민하고 실천하는 작가이다.

새들이 머무는 숲의 소리가 난다는 의미로, 그리고 '돌멩이수프'의 줄임말로 우리는 그곳을 '돌숲'이라 부른다. 글벗 중 몇몇들과는 여전히 여기에 모여 함께 책을 읽고 있다. 돌숲지기의 넉넉한 다정함과 유머 감각은 사람들에게 언제나 기댈 수 있는 곁을 내어준다. 그 덕분에 다들 집 근처에 가까운 서점이 있음에도 불구하고 제법 먼 거리를 마다하지 않고 찾아오는 것이리라. 돌멩이 수프 솥단지가 식지 않는 이유다.

그러나 현실은 결코 녹록지 않다. 서점에 일하면서 내가 큰 착각에 빠져 있었다는 사실을 뒤늦게 깨달았다. 온종일 서점에 있으니 책을 좋아하고 꾸준히 읽는 사람이 이렇게나 많구나, 생각했다. 하지만 안타깝게도 사람들은 책을 잘 안 산다. 그림책은 더더욱 그렇다. 실제로 여기저기 책방을 다녀보면 현실적으로 운영이 힘들고 어려운 것이 기본값이었다. 지방에 들를 일이 있을 때 그 지역 책방을 검색해서 찾아가 보면 그사이에 소리소문 없이 사라진 책방도 있었다. 순수하게 책만 팔아서는 먹고살기 어려운 것이 기정사실이다. 독서 모임, 북토크, 글쓰기 수업 등 이런저런 프로그램을 꾸준히 병행할 수밖에 없다. 그런데 프로그램을 개설해도 모객 또한 쉽지 않아서 지인들의 품앗이가 필요한 것 또한 현실이다.

각박한 현실에도 이 일을 정말 사랑하는 마음이 힘듦을 상쇄시키나 보다. 아무리 힘들어도 진심을 담은 환한 웃음으로 손님을 대하는 책방지기가 많다는 것도 책방 답사를 다니면서 발견한 공통점이었다. 좋아하는 공간에서 좋은 사람들과 좋아하는 일을 하는 것만큼 행복한 일이 또 있을까? 자신의 철학과 꿈이 그곳에 있으니 비록 힘들지만 어떻게든 해내며 보람을 느낄 것이다. 아마도 책방은 덕업일치가 가능한 몇 안 되는 직업 중에 하나일지도 모르겠다.

책방을 꾸려나가는 일이 얼마나 고된지 직접 겪어 아는 탓에 나는 그녀에게 늘 마음이 쓰인다. 그리고 그녀 덕분에 내가 마음 붙이고 다닐 수 있는 책방이 있다는 사실이 또 얼마나 고마운지 모른다. 그곳에 가면 늘 책을 읽는 아이들이 있는데, 부끄럽게도 그 사이에서 가장 크게 떠드는 손님이 바로 나다. 반갑고 좋아서 그렇다. 너무 좋아서. 그 근처로 이사 가고 싶다며 농담처럼 말하는 우리들은 일명 '금사빠 북클럽'이다. 어제는 《마틸다》를 사랑했다가 오늘은 금세 《원더》의 어거스트와 사랑에 빠진다. 《나의 라임 오렌지나무》의 제제를 함께 구하고 《로스트 웨일》의 리오를 한마음으로 안타까워한다. 우리는 언제든 어떤 책이라도 금방 사랑에 빠질 준비가 되어 있다.

요즘은 다들 풍요 속에 빈곤을 느끼며 살고 있다. 인간관계가 넘치게 많아도 외로움에 허덕이고, 쉴 틈 없이 움직이는데도 충만함을 맛보기는커녕 바닷물을 들이켠 듯 늘 목마르다. 적당히 가면을 쓰고 무장을 해봐도 끝없는 불안과 낮은 자존감은 쉽게 가려지지 않는다. 그렇게 얽히고설켜 마지못해 형식만 남은 관계들 속에서도 유난히 빛나는 사이가 있다. 책을 두고 만나는 우리 사이에는 오롯이 책과 사람의 이야기로 가득하다. 선을 넘는다 싶으면 얼른 다시 책으로 돌아온다.

"잘 들어갔어요?"

책방에 다녀가면 항상 잊지 않고 나의 안녕한 귀가를 챙기는 돌숲지기의 온기가 좋다. 그 다정한 틈이 소중하다. 공간은 주인을 닮는다. 이 책방에 부디 오래 다니고 싶다. 내겐 많은 곳이 필요 없다. 이곳 한 곳만으로도 충분하다.

그녀들의 환대

 나는 리더다. 사랑하는 글벗의 동네 책방에서 슬로우 리딩을 하는 독서 모임에 참여하고 있다. 사실 Leader 라기보다는 Reader 다. 내가 뭐라고 누구를 이끌겠나. 함께 읽을 뿐이다. 가끔 공지 사항을 챙기거나 다음에 읽을 책의 일정을 짜는 정도로 품앗이를 하고 있다. 애정을 넘어 애착을 가지고 있는 모임이기도 하다. 우선순위 제일 위에 올려 두고 아무리 바빠도 시간을 낸다. 글벗들과 함께 다양한 책을 천천히 꾸준하게, 마치 집밥을 챙겨 먹듯 골고루 꼭꼭 씹어서 읽는다. 한 달에 두 권씩 읽고 월말에 한 번 책방에 모여서 책에 관한 생각과 함께 간식을 나누면서 티타임도 갖는다.

 독서 모임의 호스트 역할에 있어서 따로 뛰어난 능력이 필요한 것은 아니다. 책을 좋아하고 즐기는 것을 기본으로 하고, 타인에게 특별히 바라는 바 없는 이타심이 있는 사람이라면 누구라도 할 수 있다. 책과 사람에 조금 더 마음을 쓰고 정성을 들이면 나머지는 절로 채워진다. 때로는 고독하기도 해서 꾸준하게 그런 마음가짐을 유지하는 것이 쉽지만은 않다.

특히 슬로우 리딩은 매일 조금씩 나누어 읽기 때문에 분량을 균형 있게 잘 안배하는 것이 중요하다. 모임에 참여하는 분들은 연령대도 다양하고 독서 취향이나 독서 근력도 모두 다르다. 각자 하는 일이나 일상생활의 리듬도 제각각이니 중간에 누군가 낙오되거나 소외되지 않도록 격려해야 한다. 나는 무엇보다 꾸준히 함께 읽을 수 있도록 배려하는 분위기를 형성하고 유지하는 데에 정성을 쏟고 있다.

독서 모임의 일원 중에는 이른 아침에 시간이 나는 글벗도 있고, 육아에서 벗어나는 밤늦은 시간이 되어야 겨우 한숨을 돌리는 글벗도 있다. 일과 육아로 바빠서 주말에 몰아서 읽는 글벗도 있다. 그래서 단체 채팅방에서 이들이 어쩌다 말을 건넸을 때는 무인점포나 불 꺼진 빈방처럼 되지 않도록 신경 쓴다. 늘 '리더는 AI 챗봇이다.'라는 생각으로 알람을 켜둔다. 누군가 자신의 이야기를 들어주는 사람이 있다는 걸 느끼게 해주고 싶다. 항상 그 방에 머무르며 가장 일찍 문을 열고 가장 늦게 문을 닫는 문지기 노릇을 하는 것이

리더로서의 소임이라고 생각한다.

서로 눈을 맞추고 좋은 질문을 하며 자연스럽고 편안한 분위기를 만드는 것이 가장 중요하다. 분위기가 곧 에너지니까. 읽기가 즐거운 행위라는 사실이 자연스럽게 몸에 배기까지 편안하고 다정한 분위기에 젖어 들 시간이 충분히 필요하다. 그래서 가끔 중간고사처럼 책 속 문장으로 가벼운 퀴즈를 내고 커피 쿠폰을 쏘기도 한다.

그때그때 책과 어울리는 굿즈도 찾아서 나눈다. 연필이나 북마크, 노트는 기본이다. 윤성희 작가의 《날마다 만우절》을 읽고서는 밀크캐러멜을 나누었고, 노동 리얼리즘 앤솔러지 《귀하의 노고에 감사드립니다》를 함께 읽은 달에는 마카롱을 나눴다. 독서 모임의 정체성도 중요하니 이런 이벤트들은 모두 책과 관련 있거나 책에 등장하는 이야기와 연결된다. 우리끼리 소소하게 진행하고 있지만 나에겐 큰 즐거움이다.

사람은 누구나 자기만의 언어를 가지고 있다. 우리는 각자의 단어와 문장을 공유한다. 이렇게 이야기를 나누고 함께하는 시간을 가질 때 얼마나 큰 공감대가 형성되는지 모른다. 좋은 사람들과의 안전하고 아름다운 연대다.

이 독서 모임에서만큼은 밖에서 입는 여러 유니폼을 벗어 던져 버리고 가장 자기다운 모습으로 머무를 수 있다. 그런 시간은 자신을 지키고 지친 일상을 충전하는 치유의 힘이 있다. 이곳에 가는 것이 나에게는 동네 병원이나 약국에 가는 일이고, 깊은 산 속의 옹달샘이나 사막의 오아시스를 발견하는 일이다. 사람에 대한 배신감과 상처, 실망으로 무릎이 꺾여 주저앉아있던 나에게 다시 일어설 힘을 준 곳이기도 하다. 무릎에 좋다는 콘드로이친보다 더 효과적이다. 심지어 병원비나 약값보다 돈도 적게 든다.

최진영 작가의 《단 한 사람》 완독 모임이 있던 날, 문을 열고 책방에 들어서니 활짝 핀 튤립 같은 그녀들이 환한 미소로 반갑게 맞아줬다. 특별한 무엇이 없어도 언제나 꽃 같은 미소로 환영해 준다. 꽃이 저 홀로 피는 것보다 함께 더불어 피었을 때 더 아름답듯이 함께하고픈 마음이 모여 더 충만한 시간이 완성된다. 이보다 더 좋은 순간이 어디 있을까. 책에 관해 이야기하고, 책을 통해 삶을 이야기한다. 책 속의 인물을 빗대어 자신의 이야기를 꺼내놓는 시간이다. 그렇게 책과 함께 서로의 이야기를 공유하고 나면 마음에 오랜 시간 잊히지 않는 흔적을 남기게 된다. 우리는 같은 페이지를 펼쳐 놓고도 제각각 서로 다른 문장에 밑줄을 긋는다. 그래서 더 풍성한 이야기꽃을 피우게 된다.

우리네 삶도 이와 다르지 않다. 같은 공간에서 함께 한 시간을 켜켜이 쌓아간다. 책을 읽듯이 누군가 나의 마음을 읽어주길 바라는 마음으로 이곳에 모이는 것일지도 모른다. 혈연, 지연, 학연도 아닌 책연冊緣으로 잇닿은 관계다. 우리는 서로를 구원한다. 덕분에 오늘 하루를, 무사한 일상을 살아낸다.

힘들 때 들를 곳이 있고 나를 기다리는 누군가가 있다는 사실이 무너지지 않고 일상을 보낼 수 있는 까닭이 되어 준다. 머리를 감지 않고 집에서 입던 옷 그대로 슬리퍼를 끌고서 갈 수 있는 곳. 한 권의 책과 차 한 잔을 나눌 수 있는 책방이 우리 집 앞에 있다는 건 축복이다.

소년 시인과 소녀 화가

 오늘은 책방에서 시인을 만나고 왔다. 책방 테이블 위에 누군가 꺾어다 놓은 네잎클로버를 보더니 한 소년이 물었다.

 "네잎클로버가 시들면 행운도 시드나요?"

 갑작스레 소년이 던진 뜻밖의 질문에 책방지기와 나는 선뜻 답하지 못하고 몇 번을 서로 눈만 끔벅끔벅 마주 보며 머뭇거렸다. 아이들은 어떻게 그렇게 아름다운 생각을 하는지 놀랍고 감동적이었다. 나는 그 소년에게 그렇다면 행운이 시들지 않게 네잎클로버를 책 사이에 끼워 고이 간직해 두자고 말했다.

 집으로 돌아오는 길에 소년의 질문이 계속 마음을 간질였다. 좀 더 지혜로운 답을 해줬어야 했는데, 시에는 시로 화답했어야 했는데, 부족한 대답이었을까 봐 아쉬웠다. 조금 늦었지만 행운은 네잎클로버를 발견하는 순간 마음속으로 간직하면 되는 것이라고 전하고 싶다. 내가 너를 만난 것이 행운이라는 게 변하지 않는 사실이듯이 네잎클로버는 시들어도 네잎클로버라고 말이다. 이 소년이 시들지 않는 시인의 마음을 계속 간직하길 바란다.

어떤 날에는 화가를 만났다. 이번엔 눈이 크고 안경을 쓴 어여쁜 소녀였다. 책방지기와 몇몇 아이들과 함께 테이블에 둘러앉아 각자 책을 읽고 있었는데, 테이블 끝에 앉은 소녀가 도화지에 쓱쓱 뭔가를 그리더니 선물이라며 책방지기에게 건넸다. 연필로 그린 인물 스케치였다. 다소 서툴러 보였지만 개성을 잘 살린 그림이었다. 나는 크게 감탄하며 너무 멋지다고 말하고 부러운 눈길로 그림을 한참 동안 바라보았다.

그런데 잠시 후 그 소녀 화가가 수줍은 듯이 내게 다가와 종이 한 장을 내밀었다. 다름 아닌 나를 그린 그림이었다. 책방지기는 자주 봐서 익숙했을 테지만, 그날 처음 본 나를 선뜻 그려주다니 이보다 더 특별하고 감동적인 선물은 없었다. 게다가 내 특징을 아주 잘 살린 그림이었다. 아무래도 이 그림은 액자에 넣어 책상 가까이에 걸어두고 자주 바라보며 오래오래 간직해야만 할 것 같다. 그림도 그림이지만, 나를 그리기 위해 한참 바라보고 관찰했을 아이의 마음을 생각하니 더욱 소중했다. 화가의 서명까지 들어간 세상에 하나뿐인 작품을 선물 받았다.

책방에 있으면 이렇게 소년 시인도 만나고 소녀 화가도 만나는 감동을 누린다. 거기에 좋은 책을 발견하는, 더없이 기쁜 덤도 있다.

마침 독서 모임에서 서현숙 작가님의 《소년을 읽다》를 함께 읽고 있었다. 이분은 국어 선생님이시다. 예전에 책방지기의 추천으로 《변두리의 마음》을 읽은 적이 있는데 같은 작가님이 쓴 책이라는 걸 알게 되었다. 《변두리의 마음》도 참 좋았다.

알고리즘에 노출되지 않더라도, 요란하게 홍보하거나 큰 출판사에서 나온 유명 작가의 베스트셀러가 아니더라도 사람과 사람이 서로 이어져 이렇게 빛나는 책을 만나기도 한다. 좋은 책을 만날 때의 기쁨과 고마움은 네잎클로버를 발견할 때의 마음과 같다. 여럿이 함께 읽으면 열심히는 물론이고 많이 읽기까지 하는 벗을 곁에 둘 수 있어 내가 직접 새로운 책을 발굴해야 하는 수고로움을 덜 수 있으니 이 또한 행운이다. 작은 동네 책방에 다니다 보면 책방지기와 함께하는 벗들이 그 책을 고르는 데 얼마나 정성을 들이고 심사숙고하는지 알게 된다. 고마운 일이다. 비록 만난 적은 없지만 이렇게 좋은 글을 발견하고 책으로 엮어주는 출판사와 편집자에게도 고마운 마음을 담아 귀한 손길로 책장에 책을 꽂는다. 아무도 모르는 나만의 비밀 의식이라고 해둔다.

오늘은 행운이 참 가득한 날이다.

무늬와 향기

어제는 글벗의 집에 들러 함께 저녁을 먹었다. 남편들과 아이들이 자신들의 시간을 가지는 동안 우리는 모처럼 방해받지 않고 오롯이 단둘이서 충분한 대화를 나눌 수 있었다.

내 글을 좋아한다는 그녀가 말했다. 내 글에서도 그림에서도, 내가 만든 핸드메이드 소품에서도 나의 마음이 고스란히 느껴져서 좋다고. 나를 알고 난 후에 보니 글도 그림도 나랑 완전히 똑같다고 했다. 어찌 보면 당연한 일이다. 어느 것 하나 나의 혼이 담기지 않은 것이 없으니 재간이 있나. 드러날 수밖에. 감동이 헤픈 나는 그녀의 말을 듣고 심장이 쿵 내려앉았다.

독서 모임에서 처음 만나서 함께 책을 읽고 이야기를 나누어 온 2년 가까운 시간 동안 우리는 서로를 관찰하고 발견했다. 그 결과 어떤 사람인지 어느 정도는 알게 된 것 같다. 그렇게 '안다'라는 것은 고향이 어디인지 안다거나 가족 구성원이 어떠한지를 안다거나 학력이나 전공, 혹은 직업이나 경제력을 아는 것과는 다르다. 그런 걸 하나도 몰라도 사람 간의 관계에는 전혀 지장이 없다.

대신에 우리는 서로의 손짓과 표정, 주로 사용하는 어휘나 표현법, 말과 행동, 유머 코드와 웃는 모습, 또 어떤 책과 문장을 좋아하는지와 어떤 커피를 좋아하는지 같은 것들을 알게 됐다. 누군가는 새 이름을 잘 알고 누군가는 꽃과 나무의 이름을 척척 알려준다. 그가 무엇을 사랑해서 그 분야의 척척박사가 되었는지, 그리고 우리가 서로의 그런 면을 언제 어떻게 알게 되었는지 모르겠다. 그저 자연스럽게 배어나온 각자의 무늬와 향기를 알게 되었을 뿐이다.

정확히 뭐라고 설명해야 할지 모르겠지만 아마도 우리는 우리가 모르는 사이에 서로에게 물든 것 같다. 자신의 본래 모습을 들킨 것이다. 나는 이렇게 서로를 들키는 것이 좋다. 사람을 좋아하고 사랑해서 쉽게 믿고 상처받으며 종종 실망을 거듭하지만, 나는 또 어느새 사람을 좋아하고 있다. 마음이 흐르는 방향을 거슬러 좋아하지 않으려고 하는 것이 내게는 더 어렵고 힘든 일이다. 그냥 좋아하고 말지, 들키고 말지.

이런 내가 늘 부족하다고 느끼는 부분이 있다. 바로 질문하는 것이다. 그래서인지 질문을 잘하는 사람이 멋있고 부럽다. 그런 사람 곁에 있는 것이 좋다. 옆에서 함께 질문에 대한 답을 듣는 것도 좋다. 나도 내 이야기만 앞세우기보다 상대방을 궁금해하고 먼저 말을 건네는 사람이 되고 싶은데 잘되지 않는다. 마음이 없는 것은 아니지만 내향적인 성향 탓에 쉽지 않다. 이를테면 SNS에 '좋아요'는 눌러도 선뜻 댓글은 달지 못한다. 대신에 조용히 관찰한다. 나의 '좋아요'는 언제나 백만 스물두 배쯤 진심이라는 게 전해지면 좋겠다. 그러니 만약 내가 당신 앞에서 말이 많아지고 있다면 당신을 좋아한다는 뜻이다. 완전히 무장 해제됐다는 증거다.

나는 어제도 말이 많았고 오늘 지금도 말이 많다.

이야기를 잇는 사람

 책을 읽는다는 건 결국 누군가의 이야기에 관심을 가지고 귀를 기울인다는 의미일지도 모르겠다. 그중에서도 시간을 내어 서점에 오는 사람들은 조금 더 적극적인 관심을 가진 사람들이 아닐까. 그리고 서점에 일하는 나는 읽는 사람들을 '잇는' 사람이다. 그 소중한 관심을 적절한 책과 이어주는 사람 말이다. 스스로 명명한 이 역할이 나는 꽤 마음에 든다.

 그렇게 책과 사람을 읽고 잇다 보면 어느 순간 자연스레 나도 쓰고 싶어진다. 서점에서 진행한 글쓰기 수업에 참여하면서 사람은 이야기를 품은 존재라는 것을 새삼 깨달았다. 각각의 삶이 그렇듯이 각각의 이야기는 모두 고유하고 소중한 의미를 지니고 있었다. 그리고 용기를 내어 꼭꼭 숨겨두었던 내 이야기를 끄집어내 사람들과 나누는 순간, 나라는 존재를 조금씩 인정할 수 있게 되었다. 그렇게 자신을 이해하기 시작하면서 예상치 못했던 평화가 찾아왔다.

자신의 이야기를 쓰고 소리 내어 읽는 동안 우리는 서로에게 진심으로 귀 기울였고 함께 울고 웃었다. 수려한 문장이나 뾰족한 사실보다 투박하고 서툴더라도 몸에서 바로 배어 나오는 꾸밈없는 글이 더 큰 울림을 주었다. 그리고 이상하게도 혼자일 때보다 함께 했을 때 더 나다움이 무엇인가를 쉽게 찾을 수 있었다.

함께 글쓰기 수업에 참여하면서 인간이란 참으로 상처받기 쉬운 여리고 여린 존재라는 사실도 발견할 수 있었다. 나는 상처 입은 마음을 '형상기억 두부'라고 빗대어 표현한 적이 있다. 셀 수 없을 만큼 생채기가 나고 데이고 찢기고 짓밟히고 으깨져도 어쩜 그렇게 매번 지치지도 않고 다시 본래의 형상을 회복하려고 드는지. 인간의 마음은 참으로 신기한 속성을 지녔다. 전문가들은 이걸 회복 탄력성이라고 부를 것이다. 비록 자주 쉽게 상처받지만, 그럼에도 불구하고 나와 당신이 여전히 일상을 무난하게 살아갈 수 있는 건 이 속성 덕분이 아닐까 생각한다.

김상욱 교수는 《하늘과 바람과 별과 인간》에서 자신의 형태를 계속 보존하려 하는 것이 생명이 가진 가장 큰 특징이라고 했다. 이때 필요한 것을 과학에서는 에너지라고 부른다. 이걸 문학적으로 바꿔 표현하면 사랑이라는 이름으로 부를 수 있지 않을까. 여리지만 강인한 마음이 회복하는 데에 필요한 것이 바로 사랑이라는 사실을 함께 글을 쓰고 나누면서 깨달았다.

솔직히 고백하자면, 나는 두부 중에서도 연두부에 해당한다. MBTI는 대문자 'I'에 해당하고 혈액형은 소문자 'a'형에 해당하는 극 내향형이다. 사회화 과정을 통해서 많이 단련되고 강해진 듯 보이지만 물러터지고 쉽게 상처받는 근본적인 성향은 나이를 먹어도 잘 바뀌지 않는다. 별거 아니라고 가볍게 넘기고 싶은 말에도 자주 걸려 넘어진다. 겉으로 잘 표현하지 못하고 혼자서 속으로 오래 마음에 담아 두게 되고, 그런 일들이 반복되거나 쌓이면 소리 없이 깊게 내상을 입는다. 그런 내가 스스로 상처를 치유하고 상흔을 흘려보내는 방법으로 선택한 것이 바로 글쓰기였다.

평상시에는 잘 모르더라도 상처 입고 으스러졌을 때, 내가 아는 가장 밑바닥으로 떨어졌을 때, 극한의 환경에 다다랐을 때, 끝까지 내가 놓지 않고 붙드는 것이 무엇인지를 살펴보면 나의 본질이 무엇인지를 오히려 알 수 있는 것 같다.

글쓰기야말로 나라는 사람을 이해하려는 끊임없는 노력이자 가장 자신다운 형상을 기억하고 회복하려는 진솔한 행위이다.

 책을 읽는 것이 누군가의 이야기에 귀 기울이는 일이라면 글을 쓴다는 건 자신의 이야기에 누군가 관심을 가지고 귀 기울여주기를 바라는 마음에서 비롯되는 것 같다. 나 혼자만의 이야기에서 그치지 않고 상대방에게도 읽혀 글을 읽는 사람이 '이거 내 이야기잖아!'라고 느낄 때 비로소 그 글이 빛을 발한다. 그러니 글을 쓴다는 건 가장 먼저 자기 자신을 이해하고 납득시키는 과정이 될 수도 있을 것이다. 이상하거나 잘못된 게 아니라고, 물러터진 연두부여도 괜찮다고 말이다. 약하고 부족해 보여도 있는 그대로의 자기 자신이어도 괜찮다는 걸 쓰다 보면 발견하게 된다. '이상하다'의 반대말은 결국 '이해한다'라는 말로 귀결된다.

 그러니 배운 적이 없거나 잘 쓰지 못해도 괜찮다. 꼭 완성된 글이 아니더라도, 책이 되지 못하더라도 자신을 좀 더 이해하고 회복하고 사랑하기 위해 글쓰기를 시작해 보라고 권하고 싶다. 하루에 두세 줄이어도 좋다. 일기여도 좋고, 필사여도 좋고, 휴대폰 속 메모 몇 줄로 시작해도 좋다. 혼자서 쓰다가 조금씩 용기가 생기면 함께 쓰기도 추천한다. 내가 그랬듯 읽는 사람이라면 누구든 쓰는 사람이 될 수 있다고 나는 믿는다. 그리고 나는 여전히 진솔한 당신의 이야기를 읽고 잇는 사람이고 싶다.

보이지 않는 작은 일

 나는 고등학교와 대학교를 부산에서 다녔다. 그 당시 친구들과의 약속 장소는 거의 항상 서면 중심가에 있는 '동보서적' 앞이었다. 그때는 서점이 두말할 필요 없는 그 지역의 대표적인 랜드마크였다. 그도 그럴 것이 누군가를 만나거나 기다리기에 더없이 좋은 장소가 아닌가. 아마도 나와 비슷한 추억을 지닌 분들이 꽤 많을 것이다.

 당신이 나의 이름을 불러주었을 때 내가 당신에게로 가 꽃이 되었듯 이름은 사랑이다. 아이는 없는데 아이 이름만 열 개쯤 지어본 사람처럼 백 번도 넘게 상상했다. 만약에 내가 좋아하는 책과 사람이 이어지는 공간의 이름을 짓는다면 무엇으로 하면 좋을까.

 독서 모임에서 《나의 라임 오렌지나무》와 《마틸다》를 읽고 나서는 '제제와 마틸다'는 어떨까 생각했고, 나를 키운 건 8할이 《빨간 머리 앤》이니까 '그린 게이블'이나 '초록

지붕의 앤'은 어떨까도 생각했다. 예쁜 꽃무늬 앞치마를 유니폼으로 입고 손님을 맞이하면 좋을 것 같았다. '데미안'은 아무래도 너무 흔할 것 같고, 엄마가 내 이름을 담아 쓰셨던 〈여운상회〉라는 상호를 그대로 물려받아도 괜찮을 것 같았다. 너무 나르시시즘처럼 보이려나. 어쩌면 어딘가에 정말 있는 곳일지도 모르겠다.

서점에 다니는 사람들의 이야기는 대부분 내가 늦은 밤 혼자 남아 마감을 할 때나 퇴근 후 집으로 돌아가는 흔들리는 차 안에서 휴대폰으로 짤막짤막하게 썼던 조각 글을 모은 것이다. 그래서 밤이 깊어지면 열리는 서점 같은 느낌이 나도록 해리 포터 시리즈에 나오는 '9와 3/4 승강장'으로 하면 어떨까도 생각해 보았다. J.K. 롤링 작가님도 다 계획이 있으셨겠지만 10이라는 숫자를 완성하는 과정에 있는 불완전하고 불안정한 상태를 나타내는 숫자가 마법과 판타지가 끼어들기 가장 좋은 지점이 아닐까 생각했다. 해리 포터가 마법의 세상으로 들어가는 곳이니 우리만 아는 비밀스러운 느낌이 들 것 같았다.

현실은 비록 그렇지 못하더라도 나는 나의 이야기가 판타지이기를 소망한다. 아주 짧은 순간이라도 내가 쓴 이야기가 우리가 늘 꿈꾸던 어떤 곳으로 안내해 주고 빛나는 추억을 소환해 주기를 바란다. 서점과 책방이 우리에게 여전히 필요한 소중한 공간임을 믿고 있다. 서점에 관한 나의 낭만과 누군가의 환상을 지키기 위해 노력하는 한 사람이고 싶다.

서점에서 일한 기간은 비록 짧았지만, 나는 최대한 마지막까지 책과 사람 사이에서 빛나는 순간들을 열심히 모았다. 레오 리오니의 그림책 《프레드릭》에서처럼 색색으로 빛나는 모든 날, 모든 순간을 부지런히 거두려 애썼다. 다른 사람은 모르는, 손님과 나만 아는 찰나의 순간일지라도 말이다.

내가 해왔던 일과 당신이 지금 하고 있는 일 중에 무의미한 것은 없다. 남들이 아무리 거들떠보지 않는다고 해도 결코 소모적이거나 쓸모없는 일이 아니다. 남의 눈에는 돌멩이처럼 보일지라도 귀한 손길로 정성을 다하면 나에게는 금강석이 될 수 있다. 누가 알아주지 않아도 나 자신은 알고 있으니 말이다. 그게 내가 지키고 싶었던 품격이자 자긍심이었고 스스로에 대한 예의이자 신의이기도 했다.

어깨가 아프신 손님을 대신해 주차장까지 책을 들어다 드린다거나, 계산 후에 책을 담은 봉투 손잡이를 잡기 좋게 손님 쪽으로 살짝 돌려서 놓는 것처럼, 나만 아는 아주 작은 행동일지라도 그 속에 담긴 온기가 전달되기를 바란다. 작고 사소해서 남들 눈에는 잘 보이지 않을지라도 커다란 마음으로 귀한 손길을 더하고 싶다. 작은 일들을 꾸준히 끈질기게 지켜온 사람들이 결국 세상을 지킨다고 믿는다. 가장 인간다운 것이 가장 강하다.

꼭 오늘 지금 이 순간이 아니더라도 당신과 나는 만난 적이 있을지도 모른다. 그렇게 어딘가에서 연결된 우리의 순간은 황금빛 씨실과 날실이 되어 언젠가 하나의 조각보를 이룰지도 모른다. 나는 그런 조각보들 덕분에 마음 시리지 않게 겨울을 나고 있다.

그런데 이름까지 지어 놓고도 왜 책방을 하지 않느냐고 묻는다면 현실주의자인 나는 "먹고살기 힘들어서."라고 답할 테지만, 이상주의자인 나는 고정순 작가님의 그림책《무무 씨의 달그네》의 한 구절로 대답할 것이다.

"달에 가면 달을 볼 수 없잖아."

  ◦ 《무무 씨의 달그네》, 고정순, 달그림, 2021, p.25

원서로 읽는 노벨문학상 수상작이라니

  2024년 노벨문학상이 발표되었다. 우리나라 작가다. 한국의 한강 작가라니!

  책의 세상에서 노벨문학상을 수상하는 것보다 더 큰 이벤트는 없을 것이다. 어떤 마케팅보다 효과가 좋다. 그해 수상 작가가 발표되면 서점들은 잘 보이는 맨 앞쪽에 자리를 마련하고 여기저기 흩어져 있던 수상 작가의 작품을 한데 모으느라 바쁘다.

  출판사들도 재고를 미리 확보하지 못했다는 뉴스를 들었다. 우리나라 작가가 받을 거라고 예상한 사람이 많지 않았기에 이번 노벨문학상에 관해선 더더욱 그럴 것이다. 수상 작가가 쓴 책을 찾다 보면 널리 알려지지 않은 지난 작품들이 훨씬 더 많다는 사실도 알게 된다. 역시 '어느 날 갑자기'는 없다. 오랜 시간 묵묵히 쌓아 온 결과가 이제 드러나는 것뿐이다. 나는 한 작품이라도 더 읽어야 하니 바쁘다. 직접 읽어 보고 느낀 게 있어야 한 마디라도 이야기할 수 있다.

우리 문학 작품이 노벨상을 받는 건 어려울 거라고 모두가 짐작했던 이유는 언어적 특성으로 인한 번역의 한계 때문일 것이다. 우리말의 맛과 멋을 고스란히 담아내기에는 한글이 너무 큰 언어인가 보다. 그런데 노벨문학상 수상 작품을 원서 그대로 오롯이 읽을 수 있게 되다니. 정말 자랑스럽다. 역시 소설은 원서로 읽어야 제맛이다.

제3의 언어로 쓰인 작품 중에서 가장 널리 인기를 얻은 작품을 꼽으라고 한다면 니코스 카잔자키스의 《그리스인 조르바》를 들 수 있다. 같은 작품의 두 가지 번역본을 읽으면서 번역에 따라 뉘앙스가 많이 다르다는 것을 직접 느끼기도 했다. 게다가 이미 그리스어를 영어로 번역한 작품을 한국어로 다시 중역한 책도 많았다. 역사와 문화를 알지 못하면 오역도 많을 것이다. 그래서 이번 수상이 의미가 더 큰 것일지도 모르겠다. 좋은 번역이 없었다면 우리나라 작품이 제대로 읽히기나 했겠는가. 번역가가 함께 주목받는 이유이기도 하다. 참 고마운 일이다.

한강 작가의 대표작 《소년이 온다》는 오랜 기간 청소년 베스트셀러 매대에 꾸준히 자리를 차지해 왔다. 5·18 광주

민주화운동을 여러 화자의 시점으로 구체적이고 적나라하게, 그러나 정제된 어조로 담담히 담은 소설이다. 그날을 직접 겪은 실존 인물들을 모티브로 했기에 읽다 보면 활자에 담긴 슬픔과 고통이 지면을 뚫고 고스란히 전해진다. 그래서 한강 작가의 작품이 읽기 힘들고 고통스럽다는 독자들도 있다. 그마저도 공감의 표현이라고 생각한다. 읽는 사람도 이러할진대, 하물며 쓰는 사람은 한 줄 한 줄 얼마나 마음이 저렸을까. 그러니 직접 겪은 사람의 고통은 감히 짐작할 수도 없는 정도일 것이다.

어쩌면 소설의 역할, 문학의 역할이 바로 이것이 아닐까. 사실을 바탕으로 한 소설을 통해 직접 겪은 일은 아니더라도 읽기를 통해서 인물의 입장이 되어 그 슬픔과 고통을 함께 공감하고 기억하는 행위 말이다. 이 책을 읽으면서 나는 가장 먼저 '써주셔서 고맙습니다'라는 마음이 가장 크게 들었다. 스스로 고통을 감내하면서까지 꼭 써야겠다고 마음먹은 까닭은 그것이 아마도 작가의 소명이라고 여겼기 때문일지도 모르겠다.

나의 세상에선 모든 알고리즘이 연이어 이 소식만을 보여준다. 젊은 세대들 사이에서 '텍스트힙'이라는 새로운 유행도 보인다. 그런 와중에 지나치지 말아야 할 안타까운 소식도 있었다. 대전에 29년 된 향토 서점인 계룡문고가 경영난으로 폐업했다는 소식을 접했다. 내가 살고 있는 지역에 있는 꽤 인기 있는 동네 책방도 영업을 종료한다는 안타까운 이야기도 전해 들었다. 소리 소문도 없이 지역마다 작은도서관들이 없어지고 있다며 반대 서명운동을 하고 있다는 말도 전해져 온다.

시들다 못해 말라가는 출판계의 어려움 속에 터져 나온 한강 작가님의 노벨문학상 수상 소식은 오랜 가뭄에 단비 같다. 인쇄소들은 한강 작가의 책을 찍어내느라 24시간 쉼 없이 돌아가고, 대형 서점에 입고되는 책들은 들어오는 족족 연이어 품절 대란이다. 책을 사기 위해 오픈 런을 하는 사람들까지 있다니 죽어가는 출판계를 심폐 소생하는 게 확실해 보인다.

반면에 내가 다니고 있는 글벗의 동네 책방에서는 노벨문학상 소식이 마치 먼 변방의 일인 듯 조용하다. 책방지기가 말했다. 이렇게 큰 이슈의 중심에 책이 있는데도 왜 변두리에 있는 기분이 드는지 모르겠다고.

나도 그렇고 함께 독서 모임에 나오는 글벗들도 그렇고

모두 한강 작가님의 작품 '아무거나 3종 세트'를 주문해 놓고 기다리고 있다. 그러나 정작 책이 입고되지 않아서 살 수 없는 실정이다. 물론 우리는 급할 것 없으니 얼마든지 기다릴 수 있다. 책이 생선이나 과일, 채소처럼 신선함이 최우선인 생물도 아니니 지금이 아니더라도 괜찮다. 눈앞에 읽어야 할 다른 책이 한가득 있기도 하고. 우리는 오히려 새 옷을 입고 나올 개정판이 더 궁금하다고도 말했다. 부디 이 돌풍이 들끓는 냄비처럼 금세 식어버리지 않기를, 그리고 이 단비가 작은 웅덩이와 옹달샘까지 두루두루 널리 적셔 주기를 바란다. 큰 상을 받아서 유명한 책이 아니더라도 아직 드러나지 않은 좋은 작품들이 천천히 오래 읽혔으면 좋겠다.

나와 글벗들은《소년이 온다》와《작별하지 않는다》는 꼭 함께 읽자고, 벌써 내년에 읽을 책 목록을 수정하고 있다.

책방 가는 날

    그림책 수업을 들으러 책방으로 가는 길에 마침 내가 읽고 있는 책을 손에 들고 있는 사람을 발견했다. 두 가지 색이 사선으로 반반씩 나뉘어 강렬하게 대비되는 표지 디자인 덕분에 멀리서 언뜻 봐도 같은 책이라는 걸 바로 알아볼 수 있었다. 같은 전철을 타고 와서 같은 역에서 내리는데 같은 책을 읽고 있다니. 너무 반가운 나머지 하마터면 "그 책 너무 재미있지 않나요? 영화 보듯이 바로 몰입되고요."라며 말을 걸 뻔 했다.

    스마트폰을 들여다보는 '보는 족族', 이어폰을 끼고 있는 '듣는 족', 아무래도 가장 많은 눈 감고 '자는 족'이 즐비한 지하철에서, 전자책도 아닌 종이책을 손에 들고 있는 '읽는 족'을 발견하면 오래 헤어져있던 동족을 만난 듯이 반갑고 기쁜 마음을 숨길 길이 없다.

    사실 가방 안에 책이 있어도 몇 정거장 가지 않는데 괜히 혼자 유별나 보일까봐 선뜻 꺼내지 못할 때가 많다. 책에 커버를 씌우기도 한다. 책 읽는 게 뭐가 어떻다고 그런 기분이 드는지 모르겠다. 심지어 책방에 가는 길이기도 했는데 말이다. 그만큼 종이책을 들고 다니며 읽는 사람을 보기가 어려워져서인지도 모르겠다. 더도 말고 덜도 말고 전철 안에 딱 세 명만이라도 읽는 족이 함께 있었으면 좋겠다. 내 SNS 알고리즘 안에는 온통 읽는 족과 쓰는 족으로 가득한데 오프라인 세상에서는 찾기 힘든 것이 현실이다. 책 읽는 내 모습을 유별난 게 아니라 힙하고 멋지다고 여길 수 있는 데에도 용기가 필요한가 보다.

모레에도 책방에 간다. 이번엔 ChatGPT 수업이다. 누구나 자주 다니는 책방 하나쯤 있지 않나. 책방 가는 날이 내게는 휴가이고 소풍이기도 하다. 한 달 스케줄을 잡을 때 최우선 순위가 책방이다. 그 다음에 알바 나가는 요일을 정한다. 그만큼 내게는 책방에서의 시간이 더없이 소중하다. 현실적인 상황에 휩쓸리지 않고 나다움을 지키려는 의지와 노력의 결과이기도 하다. 어쩌다 시간이 나서 가는 것으로는 부족하다. 꼭 시간을 내어 간다.

책방은 책만 읽는 곳이 아니다. 책을 매개체로 독서 모임도 진행하고 글쓰기 강연도 열린다. 작가를 직접 만날 수 있는 북토크가 진행되기도 한다. 뿐만 아니라 뜨개질, 꽃꽂이, 그림이나 공예, 타로 등 얼마든지 다양한 프로그램을 접할 수 있다. 그야말로 유연하게 변화할 수 있는 복합적인 공간이다. 내가 사랑하는 공간에서 읽고 쓰는 동족들을 만나 오랜만에 같은 취향을 잔뜩 향유하고 함께 시간을 보내고 오면 또 일주일이 다시 버틸만해진다.

이 소중한 공간이 오래도록 지켜지길 바라는 마음에 나는 빈손으로 그냥 오지 않고 꼭 한두 권 책을 사서 온다. 넉넉히 여유를 두고 미리 주문해 놓고서 책방 가는 날 찾아오기도 한다. 이것은 나의 우정이자 의리다.

한 아이를 키우는 데에 온 동네가 필요하다는 말이 있다. 작은 동네 책방 하나 키우고 지키는 데에도 온 동네가 필요하다. 우리 동네가 가능한 오랫동안 책방이 있는 동네였으면 좋겠다.

책 한 권이 오는 일

 책은 두말할 것 없이 좋은 선물이다. 게다가 읽고 쓰는 것을 즐기는 사람에게는 자연스러운 일이기도 하니 굳이 글로 쓸 필요가 있을까 싶어서 서랍 속에 오래 묵혀두었다. 그러다 어느새 연말연시가 되어 몇 번의 고민 끝에 살포시 꺼내 보았다. 사실 서랍에 넣어 둔 것은 글이 아니라 행복했던 순간을 담은 추억이었다.

 몇 달 전 고등학교 동창들을 만나는 모임이 있었다. 우리는 교복을 입고 까르르거리며 몰려다니던 여고생에서 생활력 넘치는 원숙한 아줌마들이 되어 다시 만났다. 다들 여전히 부산에서 살고 있어 대학을 졸업하고 서울로 취직해 올라온 사람은 내가 유일했다. 결혼 전에는 그래도 종종 서로 오가며 지냈지만, 결혼하고 나서는 대부분 출산과 육아에 전념하느라 우리들 사이에는 10여 년 남짓의 틈이 생겼다.

 그사이 자유롭고 당당하게 빛나던 소녀들은 엄마가 되는

숭고한 과정을 거쳤다. 자신의 모든 것을 온전히 내어주고 텅 빈 그릇으로 남은 그녀들을 만나면 나는 무슨 이야기를 가장 먼저 하고 싶을까. 그 거대한 사랑을 어떤 언어로 표현하면 좋을까.

약속한 날짜가 다가올 때까지 나는 내내 행복한 고민을 했다.

'무슨 책을 선물하지?'

책 선물이 좋은 첫 번째 이유는 선물을 고르는 동안 그 사람을 계속 떠올리게 된다는 점 때문이다. 그 시간에는 그 사람에게 오롯이 집중할 수 있다. 마땅한 책을 고르는 재미도 물론 좋지만, 그 시간 동안 친구들을 실컷 떠올리고 그리워하고 보고파 할 수 있었다. 그동안 못했던 만큼 더 많이.

나는 고심 끝에 보탄 야스요시의 신작 《여행하는 목마》를 골랐다. 이 책을 직접 번역하신 나의 스승님 김영순 선생님, 그러니까 강이랑 작가님과 함께 내가 다니고 있는 동네 책방에서 그림책 수업을 통해 이야기를 나눈 지 얼마 되지 않았을 때였다. 나는 책방지기에게 책 일곱 권을 주문해 두었다. 늘 다정한 책방지기는 친구들에게 줄 선물이라고 하니 바쁜 와중에도 한 권 한 권 정성스레 포장해 주었다. 물론 각각 다른 책을 선물할 수도 있었지만, 이번엔 우리가 모두 같은 책을 한 권씩 소장하면 의미 있지 않을까 생각해 이 그림책으로 결정했다. 아이들도 함께 읽을 수 있고, 무엇보다 이런저런 크고 작은 만남과 이별을 겪고 인생의 가장 중요한 시기를 거쳐 다시 만나는 우리에게 잘 맞는 것 같아 마음에 쏙 들었다. 그림과 색감도 예쁘고 이야기도 좋으니 더없이 안성맞춤이다.

책 선물이 좋은 또 다른 이유는 책이 한 사람 한 사람에게 꼭 맞는 맞춤 처방전이 되기도 한다는 점이다. 책은 종이로 된 문이기도 하지만 종이로 된 약이기도 하다. 단 부작용 걱정이 전혀 없는 약이다. 그래서 나는 내가 읽은 책을 선물한다. 제목이든 문장이든 그 사람에 대해서 내가 알고 있는 만큼 그가 처한 상황에 꼭 해주고 싶은 말을 대신할 수 있는 책을 고른다. 새 책을 사서 꼭 전하고픈 문장이 있는 갈피에 가름끈을 두고 편지나 쪽지를 써서 함께 전하는 것도 좋고, 내가 직접 읽으면서 여기저기 그었던 밑줄을 선물하는 것도 좋다. 책을 선물 받은 이의 마음에 내 밑줄이 포개어진다면 정말 기쁠 것이다.

책을 선물 받을 사람에 대해 평소에 가졌던 나의 마음이

나 생각을 헤아려 볼 수 있는 좋은 기회가 되기도 한다. 책을 많이 알지는 못하더라도 내가 그 사람을 어느새 이만큼이나 알고 있고 마음에 두고 있었다는 사실을 새삼 깨닫게 된다. 거꾸로 내가 책 선물을 받았을 때는 나에 대한 그 사람의 마음이 짐작되니 또한 감동이다. 책은 쌓아두기보다는 나누는 것이 좋다. 그래야 또 새 책을 살 수도 있고.

가끔 좋은 책 좀 추천해 달라는 부탁을 받을 때가 있다. 쉽고도 어려운 일이다. 사람을 모르면 책도 안 보인다. 그 사람을 알아야 책도 보이기 시작한다. 정말로 책을 좋아하고 읽을 마음이 있다면 아마 스스로 찾아서 이미 읽었을 것이다. 독서는 취향의 영역이니 가장 좋은 방법은 자기 발로 서점에 가서 책을 둘러보고 읽고 싶은 책을 직접 고르는 것일지도 모른다. 책이 너무 많고 종류가 다양해서 고르기 어렵다고 한다면 우선 선택의 폭을 좁혀서 분야별 베스트셀러부터 접근해 보는 것도 괜찮은 방법이다.

책을 추천하거나 선물했다고 해도 받은 이가 그 책을 읽을지는 장담할 수 없다. 그래서 책 선물을 하고 나면 잊어버려야 한다. 한 번 내 손을 떠난 이상 인테리어 가구로 쓰든 냄비 받침으로 쓰든 이제 그건 책을 선물 받은 사람의 소관이다. 묵혀두었다가 10년 후에 읽을 수도 있고 아이가 대신 읽을 수도 있다. 읽고 누군가에게 물려주거나 다른 이에게 나눠주거나 선물하는 것도 나는 기꺼이 좋다고 여긴다. 누군가에게 선물한 마음은 잊어버리고 다른 이에게 선물 받은 마음만 기억한다.

선물한 책을 읽고서 먼저 그 이야기를 꺼내며 참 좋았다고, 구체적으로 어느 구절이 무척 와 닿았다고 말하는 이가 있다면 그는 필시 당신을 믿는 것이다. 좋아하는 것까지는 아니더라도 적어도 신뢰는 할 것이다. 그 책을 고른 당신의 안목과 자신을 알아주고 마음 써 준 진심을 믿는 것이다. 누군가에게 책을 선물할 때 '아, 이 사람이 추천한 책이라면 읽어보고 싶다'라는 마음이 드는 사람이 되고 싶다.

책은 옷이나 지갑, 화장품 같은 선물과는 다르게 질리거나 상할 염려가 없다. 두고두고 읽을 수 있고 다시 읽어도 그때마다 새롭다. 세월이 지나면 손때가 묻은 책에 육필을 담아 물려주기에도 더없이 좋다. 빈티지 중에 최고는 책이라고 생각한다. 오래되고 희귀할수록 귀한 대접을 받는 예술 작품처럼 초판 인쇄본이나 저자 사인본 같은 책도 마찬가지다. 아주 적은 비용으로 누구나 예술 작품을 소장할 수 있으니 그야말로 최고가 아닌가.

책이 뜻밖의 인연으로 이어질 때도 있다. 마치 책을 통해 새롭게 태어나 만난 것처럼 소중하고 특별하다. 그래서인지 책으로 맺은 관계는 끊임없이 확장된다. 앞으로도 변함없이 오랜 인연이 되리라 믿는다.

정현종 시인의 '방문객'에서는 우연히 찾아오는 한 사람과의 인연이 얼마나 지대한 영향을 미치는지를 노래하고 있다. 책 한 권의 인연 또한 그와 같지 않을까? 그 수많은 책 중에서 왜 하필 그 책이 내게로 왔을까. 그냥 단순한 우연이라고 하기엔 책 한 권이 나에게 온다는 것은 너무나도 경이롭고 감동적인 일이다.

최근 필사 콘테스트에 당첨되어 선물을 받았다. 펜과 노트와 책이 왔다. 한강 작가의 《희랍어 시간》이다. 같은 책이 두 권이 되었다. 이렇게 절묘한 타이밍이라니. 이건 책 선물을 하라는 운명인가.

닫는 글
그래, 거기 책이 있었지

나는 책을 많이 읽는 다독가도 아니고 빨리 읽는 속독가도 못 된다. 단 한 가지 분명하게 말할 수 있는 사실은 매일 조금씩 꾸준히 읽는다는 점이다. 그래서 나를 아는 가까운 이들은 나를 책 좋아하는 사람으로 기억한다. 어릴 적부터 지금까지 내 주변에는 늘 책이 있었다.

그래, 그랬었다. 언제나 책이 있었다. 그 책들이 다 어디서 어떻게 내게 왔는지는 기억나지 않는다. 하지만 그때 내 곁에 책이 있어서 참 다행이었다. 나는 어떤 연유로 책을 가까이에 두었을까. 지금 생각해 보면 책을 좋아했던 것도 물론 있었겠지만, 사람에게서 받지 못했던 무언가를 책을 통해서 충족하려고 했던 까닭이 더 컸던 것 같다. 어른들은 늘 부재중이어서 어린 나의 마음을 들여다보거나 돌봐줄 여력이 없었다. 아무도 내 마음 따위는 신경 쓰지 않는다고 여겼을 때 유일하게 책만큼은 내 곁에 머무르며 나를 이해해 줬다. 내가 좀 더 알고 싶었던 세상과 도저히 알 수 없었던 사람의 마음에 관한 답이 책 속에 있었다. 내가 책을 읽는다기보다 책이 내 마음을 읽어주는 것 같았다. 덕분에 어린 시절의 나는 마음을 다칠지언정 잃지는 않았다. 녹록지 않은 삶 속에서 세상의 모진 풍파에 휩쓸리지 않도록 나를 지킬 수 있게 붙잡아 준 것도 책이었다. 책마저 없었다면 더욱 굶주리고 피폐해진 마음으로 살았을지도 모를 일이다. 게다가 살다 보니 사람보다 책이 더 따듯할 때도 많다는 것을 깨달았다.

그런데 왜 하필 책이었을까. 세상엔 책 말고도 재미있는 게 너무나도 많은데. 그런데도 책을 좋아하게 된 건 누굴 닮아서 그런 걸까. 내가 외따로 떨어져 어느 날 갑자기 뜬금없이 책을 좋아하게 된 건 아닐 것이다. 한참 후에야 알게 됐다. 생계를 꾸리느라 길 위에서 장사를 하던 내 어머니는 자리를 틀고 앉아 책을 읽을 만한 형편도 아니었고 제대로 된 자신만의 책 한 권도 없었지만, 가슴 속엔 언제나 시를 품고 살아온 사람이었다. 틈날 때마다 딸에게 편지를 쓰고 추운 겨울날 길 위에서조차 푸시킨의 시를 끄적이며 되뇌던 사람이었다. 세월 속에서 손길은 거칠고 투박해졌을지 몰라도 본래의 곱디고운 마음결을 지키고 있는 사람이었다. 비로소 알았다. 내가 내 어머니의 성정을 고스란히 물려받았다는 것을.

  사람마다 인생의 필요충분조건이 다르고 취향이 다른데, 수많은 물성 중에서 일찍이 책을 선택한 그대에게 감사하다. 비록 갈수록 희귀해지는 모습이라고는 하지만, 인간이 있는 한 완전히 사라질 수는 없을 거라고 믿는다. 책장을 한 장씩 넘길 때 느껴지는 종이의 따듯하고 보드라운 촉감과 그 종이 위에 직접 연필로 사각사각 써 내려간 자신만의 글귀를 품고 사는 낭만을 되도록 많은 이가 간직하고 이어가면 좋겠다. 그런 순간을 부디 잊지 않고 오래 기억했으면 좋겠다. 푸시킨의 시처럼 훗날 그것은 참으로 소중하게 남을 것이다. 책과 당신 그리고 나 사이에 빛나던 순간들이 모여 이야기가 되고, 그 이야기들이 비로소 종이책이 되어 세상에 나와 읽히기까지 잇닿은 모든 인연과 손길에 마음 깊이 고마움을 전하고 싶다.

2025년 어느 날
여운

서점 일기

초판 1쇄 발행 2025년 7월 1일

지은이 여운
펴낸이 유성권

편집장 윤경선
책임편집 조아윤　**편집** 김효선
홍보 윤소담　**디자인** 박채원
마케팅 김선우 강성 최성환 박혜민 김현지
제작 장재균　**물류** 김성훈 강동훈

펴낸곳 ㈜이퍼블릭
출판등록 1970년 7월 28일, 제1-170호
주소 서울시 양천구 목동서로 211 범문빌딩(07995)
대표전화 02-2653-5131　**팩스** 02-2653-2455
메일 tiramisu@epublic.co.kr
인스타그램 instagram.com/tiramisu_thebook
블로그 blog.naver.com/tiramisu_thebook

* 이 책은 저작권법으로 보호받는 저작물이므로 무단 전재와 복제를 금지하며,
  이 책 내용의 전부 또는 일부를 이용하려면 반드시 저작권자와 ㈜이퍼블릭의
  서면 동의를 받아야 합니다.
* 잘못된 책은 구입처에서 교환해드립니다.
* 책값과 ISBN은 뒤표지에 있습니다.

티라미슈 은 ㈜이퍼블릭의 인문·에세이 브랜드입니다.